トヨタのすごい
習慣＆仕事術

［日］
若松义人 著
YOSHIHITO WAKAMATSU

赵
佳 译

Uncanny Custom
& Work Way of
TOYOTA

Secrets of know-how
which only the world
number one company
is doing

SJ 北京时代华文书局

图书在版编目（CIP）数据

丰田思维 /（日）若松义人著；赵佳译 . -- 北京：北京时代华文书局，2023.10
ISBN 978-7-5699-4176-0

Ⅰ．①丰… Ⅱ．①若… ②赵… Ⅲ．①丰田汽车公司－工业企业管理－经验
Ⅳ．① F431.364

中国国家版本馆 CIP 数据核字（2023）第 158764 号

TOYOTA NO SUGOI SHUKAN & SHIGOTOJUTSU
Copyright © 2013 by Yoshihito WAKAMATSU
First published in Japan in 2013 by PHP Institute, Inc.
Simplified Chinese translation rights arranged with PHP Institute, Inc.
through Bardon-Chinese Media Agency

北京市版权局著作权合同登记号 图字：01-2022-5906

拼音书名 | FENGTIAN SIWEI

出 版 人 | 陈　涛
策划编辑 | 周　磊
责任编辑 | 周　磊
责任校对 | 李一之
装帧设计 | 程　慧　赵芝英
责任印制 | 訾　敬

出版发行 | 北京时代华文书局 http://www.bjsdsj.com.cn
　　　　　北京市东城区安定门外大街 138 号皇城国际大厦 A 座 8 层
　　　　　邮编：100011　电话：010-64263661　64261528

印　　刷 | 北京毅峰迅捷印刷有限公司　010-89581657
　　　　　（如发现印装质量问题，请与印刷厂联系调换）

开　　本 | 880 mm×1230 mm　1/32　印　张 | 6　字　数 | 132 千字
版　　次 | 2023 年 11 月第 1 版　　印　次 | 2023 年 11 月第 1 次印刷
成品尺寸 | 145 mm×210 mm
定　　价 | 42.00 元

图解 如何成为一流的员工！

将世界一流企业的诀窍"丰田生产方式"运用到自己的工作中

"V形"复苏的原动力——丰田生产方式

长期低迷的日本企业的业绩正回暖。

2008年之前,丰田增长速度是非常惊人的。汽车生产数量和汽车销售数量都朝着世界第一的方向迅速增长,丰田也在世界各地开设工厂。可以说,当时的丰田进入了"有生产就有销售"的时代。

然而在丰田一心想达到世界第一的2008年,雷曼兄弟破产,世界金融危机爆发。2009年到2010年期间,丰田又经历了"召回门"——在美国爆发了最大规模的汽车召回事件。

紧随其后的是2011年东日本大地震。日本上下直面灾难,日本的制造业遭受了无法估计的损失,这一切也给丰田带来了沉重的打击。

曾在1950年丰田濒临破产时引咎辞职的丰田创始人丰田喜一郎说过,在日常经营中一定要对"100年中发生一两次"的大危机的应对方案进行思考。

但是，被这样大规模的危机一波接一波地袭击，即使是丰田这样优秀的企业想要重新振作也不是件容易的事情。

丰田财报数据严重不佳的状况持续了多年。

在低迷的时候，企业要依靠什么才能探索出重生的道路？丰田依靠的正是长年积累形成的丰田生产方式。

培养思考力，掌握使自身成长的技能

在雷曼兄弟破产之后，丰田的相关人员说出了这样的话："我们有能够复苏的道路。"

虽然遭受了巨大损失，但是通过"丰田生产方式"能使企业复苏是毫无疑问的，这是企业的信念。

当然，丰田生产方式和企业、组织急速成长之间会产生分歧，危机处理有滞后的一面。但是企业对要守护什么、改变什么、应该做什么的答案是清晰明了的，而之后要做的仅仅是实践而已。

实践的结果就是丰田实现了"V形"复苏并成为世界汽车生产商中首个产量突破1 000万辆的企业。

在实现了丰田过去的飞跃式发展以及雷曼兄弟破产之后让企业复苏的丰田生产方式的众多做法中，本书选择了一般商业活动都行之有效的工作方法，并用插图的方式简单易懂地加以说明。

总之，这是来自生产现场，并且通过不断改进形成的实践法则。我将逐个告诉大家"我们要做什么"以及"我们要如何思考"。

在本文中可能会有特别难以执行的实践方法。但是，这些难以推进的实践方法也正是因为相信我们的智慧和可能性而提出来的。读者朋友一定要意识到你们自身的智慧和无限的可能性，请坚信这一点。同时，我也希望大家能够将其中的内容运用到自己的日常工作中。毕竟，丰田生产方式不是纸上谈兵，而是实践的法则。

每天些许的改变和实践，脚踏实地日积月累，能够给我们带来巨大的成长，我希望每个人都能够在危机中成就强大的自己。

若松义人

目录

第一章　执行力能够改变你的工作

专栏:丰田生产方式的故事1

第三章　突破自己的极限，接受新的挑战

第四章　如果你成长了，你的团队也将成长

执行力能够改变
你的工作

TOYOTA

01

不要掩饰失败，
如果失败了要大声说出来

将想掩饰的事情可视化

一家公司的领导曾经给新入职的员工提出了这样的建议："在失败的时候，你要大声说出自己失败了。"

在一般情况下，我们觉得失败是一件很丢人的事情，为了不想让别人知道自己失败，我们往往会试图掩饰失败。但是这样做会产生问题，掩饰失败只是暂时的，而这往往最终会导致更大的失败。

因此，在失败的时候，我们应当大声地说出"我失败了"或者"我出错了"。这样，你身边的前辈就会跑过来问你"出了什么事"，然后听你叙述经过。

当然，你也许会听到有人说"瞧你做的好事"或者"你是傻吗"等，但同时也会有人帮你出主意。

失败其实是一件要将它放到大家都能看到的地方，然后通过大家的智慧来解决的事情。在这个过程当中，人们彼此信任，每个人都能得到成长。

按照丰田生产方式的要求，如果出现了事故，生产线就会停止。当然，因为生产线停止了，大家就会意识到发生事故了。

很多企业在事故发生后会为了避免生产线停工而进行紧急处理，或者将生产出的不合格产品暂时搁置一边，像什么都没发生一样继续进行生产。生产顺利进行，乍一看也没有什么问题。

但是，这样的做法会存在事故隐患。如果没有及时改善，大家也不会觉得是自身的问题而思考解决问题的方法。这样不仅可能会引起相同的事故再次发生，还有可能成为严重事故的导火索。

不要将问题隐藏，而是将它放到大家都看得见的地方

丰田生产方式讲究"不要将问题隐藏，而是将它放到大家都看得见的地方"。

丰田生产方式中有一个词叫"可视化"。只有将问题表面化，让大家都知道，大家才能群策群力、解决问题。

例如，如果我们看不到生产成本的明细却说要"降低成本""想出办法"，那就是强人所难，因此要将生产成本的明细可视化。如果我们能够看到生产成本的明细就会发现问题，也能够想出相应的办法。

据说，一位丰田汽车的总工程师将一个涉及机密的汽车部件的单

价公布出来，让负责人分析哪里有问题。

这样把信息公布出来之后，什么地方开支大，为了降低成本需要做什么，需要哪些部门协作等问题的答案立刻就有了。这样持续累积下来，就可能产生革命性的成本降低措施。

有人可能也会觉得将重要的信息做机密处理是理所应当的。但是，果断地将详细的信息公开可见结果更好。同时，大家的智慧集合起来，集思广益的结果会更好。

✎ 丰田因此成为世界第一

人们只有看到了问题才能发挥智慧，如果看不到是没办法想出解决方案的。只要是工作，就难免会失败，因此不要耻于失败，要将其放到看得见的地方。如果每个人都这样做而形成企业文化的话，那么"觉得失败可耻"这件事本身也就不存在了。

将失败放在明处，集思广益解决问题

某公司总经理对新员工说的话

一般的公司

即便出现问题也不会停止生产线，
而是进行应急处理

丰田生产方式

出现问题马上
停止生产线

丰田生产方式	=	不隐瞒问题，将问题可视化

丰田的独到之处

不以失败为耻，创建任何人都敢于公开问题的企业文化

02

不要告诉部下答案，要引导部下自主思考

以丰田生产方式进行改善但进展不顺利的公司

如果上司一开始便将工作的答案或者最佳的解决方法告诉部下的话，部下应该不会出现走弯路或者失败的情况。但是，丰田生产方式要求上司不把答案告诉部下。因为告诉答案这件事情是不能提高部下的思考力以及寻找答案的能力的。

有一家公司以丰田生产方式为基础进行生产改善。公司从前有很多造成浪费的地方，在改善推进委员会指导下，改善活动在刚开始取得了良好的效果。随着改善推进，这家公司的生产能力也提高了，员工们也干劲十足。公司上下改善积极性高涨。

经过几个月持续改善，显而易见的浪费几乎都没有了。于是，"改善已经很充分""已经没有什么不好的地方"等这样的声音逐渐多起来了。

改善委员会在这样的情况下觉得改善有可能会半途而废，于是决定在生产现场直接告诉大家哪里有问题、哪里需要改进才能更好。

这样做虽然能够使公司的"改善"再次向前推进，但也发生了一些棘手的事情。

丰田生产方式"改善"的目标是培养生产现场的工人能够自己发现问题、自己思考解决的方案的能力。但是，这家公司的改善委员会因为长期先工人一步提供建议和方案，生产现场的工人就无法养成自我察觉、自己思考的能力和习惯。这样无法培养工人的能力，改善也终将到尽头。

最终意识到错误的改善委员会，终止了这种预先教授的方式，即使多花费时间也要等生产现场的工人产生自省意识，进行自主思考。

这样的生产改善持续了一年左右，改善活动终于在公司内部落地生根了。

答案要依靠自己发现

曾经，丰田也有一些指导人员，先一步进行改善活动，然后告诉员工"应该这样做""应该那样做""这样做是不行的"……与之相反，奠基了丰田生产方式、担任丰田副总经理的大野耐一训斥这些指导人员"不能做'教育孩子的妈妈'"。

这表明丰田生产方式很重视"答案要依靠自己发现"这个原则。

从上司的角度看，部下工作进展缓慢却没有办法，上司就担心工作会失败。久而久之，上司便想要直接告诉部下工作的方法。部下接受上司的方法做事，工作更有效率，也不会产生错误，因此感到安心。

但是，这样做却掉入了工作的陷阱。上司要做到的是即使部下工作进展缓慢也要忍耐，一边听他们是如何思考的，一边指导他们工作。部下也必须做到即使感到很辛苦也要自己思考解决问题的方法。

🖊 丰田因此成为世界第一

营造一种培养人才、不断改善的风气确实需要花费时间。但是如果培养了善于思考的人，这些培养出来的人便能够产生新的知识和改善能力，然后继续培养下一代人才。因此，即使花费时间，我们也要贯彻"答案要依靠自己发现"的原则。

让部下养成自己寻找答案的习惯

某公司通过丰田生产方式消除可见的无用功

丰田生产方式 ＝ 自己寻找答案

丰田的独到之处

通过询问"你是怎么想的"，促使部下自己思考

03

不要仅仅依靠自己的想法推进工作，一个人绞尽脑汁不如一百个人绞尽脑汁

比起一个人思考，更希望一百个人思考

一位丰田汽车的总设计师的口头禅是："比起一个人绞尽脑汁想问题，我更希望一百个人一起绞尽脑汁思考。"

总设计师拥有很大的权力，同时因为自身丰富的经验和知识，能够对工作提出很好的建议。即使这样，他还是希望能够听到团队成员的好想法。因为在生产过程中，一件很重要的事情就是构筑人和人之间的信赖感，从而产生团队意识。

因此，那位总设计师将同样的事情对团队成员不厌其烦地说几百遍，并且倾听团队成员提出的意见，共同商议之后提炼出更加优秀的提案。对于没有意见的人，总设计师会提醒他们："你们是专业的。"因此，在这种实际的讨论中能够产生特别有建设性的想法。

由于信任而组成的团队最终能够让想法成形落地。这也是工作的

一种理想形式。

这是一件在日本刚刚导入QC（Quality Control，质量控制）的时候发生的事情。在QC理念的指导下，工厂里工作的人们组成团队，一起想出解决问题的方法。在QC团队活动中，有一位"精英员工"发出了这样的抱怨："他们是一群没有学问和知识的人，三五成群地喋喋不休，可他们也拿不出什么好想法。这是浪费时间。比起这样，让他们默默执行我们这些优秀的员工提出的方案会更好。"

于是QC的改善推进者向"精英员工"提出了这样的问题：

"那么请问，工厂有没有按照你的'优秀想法'实践呢？"

"精英员工"沉默了。改善推进者继续说："无论怎样优秀的创意，如果没有实践下去就没有意义。虽然你提出了优秀的想法和建议，但是只有在生产现场产生的智慧才是有意义的，才是真正有实践可能的事情。"

为了得出知识而集结知识

"一个人前进一百步，不如一百个人每人前进一步"，这是丰田生产方式的观念。

丰田生产方式的"改善"，从开始时经常依靠一个人思考问题，逐渐转变成众人组成团队，共同想办法解决实际问题。正是这样，

"生产改善"才能落地，改善方案逐渐得以实施。

一个人的意识和想法也许是微不足道的，但如果众人结合在一起就有可能使其落地，让好的想法发挥作用。最重要的事情是大家通过发挥智慧来培养能力，这样才能逐渐推进更加优秀的改善方案，有更加显著的改善效果。

在这个世界上，确实有一种所谓的"天才"拥有超越常人的想法，能够取得出类拔萃的成绩。但是，即使不依靠这样的"天才"，通过集合每个人的知识和能力，普通人也能够产生优秀的想法，取得出色的成绩。

丰田因此成为世界第一

相信自己的想法和能力不是坏事情，但是过分自信就有可能陷入陷阱。公司要在拥有自信的基础上激发出员工的想法和智慧，集合众人的力量。如果能够做到这样，公司就不会陷入过分自信的陷阱，同时也会取得良好的效果。

不管多好的创意，如果无法执行的话就毫无意义

某"精英员工"在QC团队活动中提出的问题

丰田生产方式 ＝ 一个人前进一百步，不如一百个人每人前进一步

三个臭皮匠顶个诸葛亮

丰田的独到之处

关键在于获得现场人员的信赖与共鸣

04

不要成为审核、检查工厂的人，
而要成为被生产现场的员工依靠的人

成为让部下依靠的人

"部下能够用三天时间看透一个上司。"这句话的意思是：虽然上司对部下的了解会花费几个月的时间，但是部下能否对上司产生信赖感是部下靠直觉判断的。

成为一个部下凭直觉就能够信任的上司需要哪些特质呢？

在生产车间负责改善工作的丰田人员A听说厂长大野耐一找自己，因为大野先生是A的上司，所以A立刻就赶到了大野先生身边。

但是大野先生却因此批评了他："我一找你，你就飞奔过来，说明你靠不住。真正受现场信任的人，即使是厂长找你，也会因为忙于现场改善而不能立刻过来。"

A无法理解大野先生说的话。在工作当中，没有上司召唤却不去的道理，但是这样居然被上司呵斥，A露出了不服的表情。大野先生对A说："人一旦到了生产现场，就要该做什么就去做什么。这样的话，大家就会觉得'只要那个人来了就能在生产现场发挥作用'。你只要到了生产现场，在车间的各个角落就会出现询问你的声音，比如'这个地方这样操作的话有点困难''有事情想找你谈谈'。"

"如果是这样的话，你就会被困在生产现场无法轻易脱身，即使要向前行进一百米也需要花费相当长的时间。在生产现场，如果不能变得脱不开身，说明你还要提高。"大野继续说。

如果我们真的有事，即使被上司召唤而没有去，上司也能够自己去生产现场。在生产现场，上司要成为被部下信赖的、可以深入交流的人。这才是大野先生想表达的意思。

比起个人先行，更要成为步调一致的人

大野先生曾经说过不要成为"管理者"，而要成为"监督者"。

管理者仅仅拥有知识就可以了，但是监督者要在看到工作进度的同时教授员工知识，是培养人才的人。

从总公司到一家亏损企业做改善的员工，其中年纪最小的B每天要到生产现场多次访问工人，并且热情地和工人打招呼。但是，生产现场的工人把这些做改善的员工看作是过来找毛病的人，纷纷冷眼相待。

但是，经过数日不间断地打招呼，慢慢地开始有工人回应B，而

且也开始有一些找B商量问题的工人。B对那些工人提出的问题尽可能地提供改善建议。看到B这样的姿态，很多工人开始变得信任B，也开始自主思考。从此以后，这个公司的改善项目一鼓作气地向前推进。

丰田因此成为世界第一

　　管理者和上司虽说是有地位的人，但将信任作为基石、成为可以依靠的人才是最重要的。成为可以依靠的人，和部下一起思考，一起发挥智慧解决问题，这样的实际行动是工作中必不可少的。这样，部下才会真正信任上司。

成为被部下依靠的上司

听到工厂厂长大野先生的呼唤立刻赶来的A

与现场的人员交流 = 无法立刻离开现场

成为被部下依靠的上司

丰田的独到之处

成为和部下一起思考、一起解决问题的上司

05

仅仅是命令的话，很难被人们认同，在行使权力之前要和部下及合作伙伴建立信任关系

工作不是依靠权力做事情

没有什么工作是仅凭一个人就能够完成的。即使是个人的思考和想法，最后将想法付诸实践也需要很多人共同努力。

但是，在现实中，我们暂且不谈共同协作，工作无法推进很多时候是因为他人反对或者不配合。

无论怎样，人们应该成为彼此良好的协作者。

这是一家企业在将丰田生产方式导入自己工厂时发生的事情。

被委派担任改革组长的C在丰田的工厂做实习调研时，听了大野耐一先生说的很多话，自信满满地给这家企业的工人介绍丰田生产方式的理念。但是，没想到，C的改革受到了这家企业很多部门反对，很难推进下去。

困惑的C找到经理，希望即使是暂时的，也请给他在这家企业内更多的权力。经理对C说："虽然我很理解你，但你还是先和大野先生商量一下吧？"于是，C找到大野先生如实详述了情况。

大野先生提议C和自己花两天时间在丰田的各个工厂转一转。于是，在接下来的两天里大野先生什么也没说，只是和C在工厂里边转了转，直到第二天的傍晚，大野先生才问了一句话："你觉得怎么样？"

有一点是C自己特别在意的，那就是在生产现场仍然有两三处不符合丰田生产方式的要求的做法，但大野先生却视而不见。

大野先生这样说道："即使这样，我也必须忍耐。工作不是依靠权力发号施令。无论自己的职务权限有多大，也不是总能做出对的决定。对于工厂的员工，我们一定要充分理解他们，耐心地说服他们。"

建立人际关系是需要时间的

当时大野先生已经是丰田的常务董事了，是丰田生产部门的最高负责人。但即使是这样，他还是不依赖自己的权力开展日常管理工作。

C回到自己的工厂后便开始热情地对工厂的员工讲解"为什么要导入丰田生产方式"，努力地一边借助大家的智慧一边推进生产改革。

员工不可能立即接纳这些思想，改革还是受到抵制，也花费了时间。但即使在这种情况下，逐渐理解改革的员工也开始慢慢增加，工厂终于依靠导入丰田生产方式的改革进入了发展正轨。

用职权调动员工工作是可能的。但是这样仅仅能培养那些"被命令干活的人们",并没有培养出"贡献自己的智慧,自己工作的员工"。

没有贡献智慧的改革,如果热情消减,就会被立刻打回原形。即使耗费时间,也要让改革得到员工的理解和认可,进而调动员工的智慧。

✎ 丰田因此成为世界第一

人并不都遵从权力。虽然表面上服从,但如果出现了裂痕就会变成不服从,领导者也不能逼迫人处于这样阳奉阴违的状态。如果不能信任那个人说的话,人们肯定不会尽心尽力地工作,更不会持续地为公司做出贡献。

不管多好的事情，没有众人的帮助也难以取得进步

打算将丰田生产方式导入自己的工厂却进展缓慢的C组长

总经理，请将整个工厂的管理权限都交给我。

先和大野先生商量一下吧？

咱们拿出两天左右的时间一起去各个工厂巡视一圈吧。

大野先生

为什么没有指出那个现场存在的问题呢？

两天后

其实我也不轻松啊。工作并不是靠权力完成的。

不管自己的职务权限多大，也不是总能做出对的决定。

必须坚持不懈地说服现场的人员，使其理解问题所在

丰田的独到之处

与现场人员建立起牢固的信赖关系

06

交流不仅仅是在正式场合，要构建公司内部横向、纵向、斜向的人际关系

从正式的人际关系之外产生好的想法

丰田的特点之一是内部存在很多团体。不仅有职场上的团体，还有同岗位的工会、校友会、兴趣小组或者同乡会等数量众多的团体。这是有悠久的历史的。在1950年，丰田经历了巨大牺牲，度过了破产危机之后，一个个团体开始建立并延续至今。

这并不是派系，而是跨部门、跨年龄段的纵横交错的人际关系网。这样的人际关系网使交流的渠道变得多样化。

这样的人际关系网也是解决难题的突破口，员工遇到的许多难题能够在和其他部门的员工或者年纪大的前辈的交流中得到解决。像如何改善和上司之间的关系这类苦恼往往就可以得到解决。

也就是说，在推进改革的时候，不是只有正式的人际关系可依靠，在纵横交错的、非正式的人际关系中，员工也能够通过交流解决问题。

实践丰田生产方式的某企业的管理者有一个习惯，那就是在开展生产改革的时候，下班之后会穿着便服到工厂看看。在成为管理者之后，虽然他经常在生产现场进行指导，但参与实际工作的生产线工人忙于工作，管理者很难听到工人的心声。因此，这位管理者就在工厂下班的时间，穿着便服进入工厂，听取现场工作人员的意见。

在现场能够听到工作人员说出哪里有问题、哪里需要改善，管理者就能知道需要怎么做、怎么改革。

听听工人的心声，反思工作

对于这位管理者的做法，也有人提出批评。

但是信息并不是单方面的或者单一方向的事情。产生于会议之类的正式场合的信息很多，产生于非正式场合的信息也不少。在很多时候，恰恰是在非正式场合收集的信息，更能够反映现场的真实情况。

正因为如此，这位管理者在生产现场的时候，很重视穿着便服去和工人谈一些闲话。

最重要的是，每天交流让这位管理者与工人的关系变得密切。他对公司发展的思考、现状的分析和改革的推进方法等，都能够得到现场工作人员的理解，也能够让自己听到来自现场的真实声音。

这是因为仅仅靠正式的交流是不够的。通过公司内部的各种团体得到的信息也是非常有用的。

虽然也有几乎没有内部团体的公司，但是花费工夫构建一个纵横交错的人际关系网，对于公司来说是必要的。这样的非正式的人际关系，在很多场合中都是构成理解和信赖的基础。

丰田因此成为世界第一

如果没有团体，就构建一个自己公司内部的小型的纵横交错的人际关系网，同时也可以将它拓展到公司外部。工作是依靠人与人之间的关系推进的。好的工作关系常常需要超越自己的工作岗位和专业，超越公司的框架建立的关系是有巨大用处的。

要想做好工作，必须打破部门和专业的限制

| 丰田的特点之一 | = | 公司内团体众多 |

同岗位的工会　　　　　　　　校友会

××兴趣小组　　　　　　　　××同乡会

存在横向、纵向、斜向的人际关系

实践丰田生产方式的某公司管理者的交流方法

最近怎么样？

其实……

在私底下更能够
听到现场人员的
真心话……

丰田的独到之处

非正式的人际关系是信赖和理解的基础

07

不要仅凭数字就做判断，
经营不是算术而是控制有度

人类的智慧不是通过数字计算的

商务人士对数字敏感是没有坏处的。在"统计学是最强的学问"的时代，对数字敏感是非常重要的。

但是，如果太过重视数字，就会产生"工作的全部内容都能够用数字来计算"的错觉。

人类的智慧并不能完全通过数字进行计算，这是丰田生产方式的思考方法。

这是丰田在发售卡罗拉之后带动汽车普及化时发生的事情。

卡罗拉最开始的产能是100名员工每月可以生产5 000辆汽车。工程负责人D科长对该体系进行持续改善，两三个月之后，他在给大野耐一的报告中提到，当时的产能已经能够达到80名员工月生产5 000

辆。这是减少20%生产人员的完美成果。

但是由于卡罗拉销量爆发式增长，产能必须达到月生产10 000辆。

大野先生问D："要生产10 000辆汽车需要多少人来完成？"D回答说："160人。"结果，大野先生勃然大怒："2×80=160，是小学生都知道的数学算式。到这个年纪了，我不用你来再教我一遍了。人不能不开动脑筋。"

D的计算是没有错误的，确实，在一般情况下，如果生产5 000辆汽车需要80人，那么生产10 000辆汽车就需要160人。

但是用这样简单计算的方式来提高产能的话，很难增加利润，公司的竞争力也不会增强。

不是算术而是要考虑控制

"不要用算术进行经营，而要控制有度地经营。"这是大野先生坚持的理论。

如果靠算术经营，机械全速运转能够提升产量，大量制造同一产品放在库里的话会有效降低成本。

但是，现实是，如果仓库里的库存是滞销品，虽然理论上是降低成本了，实际上却增加了成本。

控制有度的丰田生产方式，只生产能卖出去的产品。在算术上看起来是增加了成本，但是为了让能卖出去的产品降低成本，人们会拼命想办法，因此反而可以降低成本。以此为基础，也不会造成因滞销导致的积压库存。

这样运用人类智慧的制造方法是"控制有度"的经营方法。

D在被大野说了"人不能不开动脑筋"之后，开始调动员工的智慧，着力改善，实现了100人生产10 000辆汽车的目标。这与"5 000辆需要80人，10 000辆需要160人"这种通过单纯计算得出的结论有着天壤之别。

✎ 丰田因此成为世界第一

计算不能提高生产效率，能提高生产效率的是人的智慧和改善方案。运用智慧，推进改善，是在计算的基础之上能做的事情。将计算能做的事情和计算不能做的事情更好地结合在一起，工作才能取得巨大成功。

人类的智慧具有无法用数字计算的"成长性"

负责提高卡罗拉产能的D

80个人一个月能够生产5 000辆卡罗拉。

那么要生产10 000辆的话需要多少人？

需要160人。

说什么傻话？
2×80＝160是小学生都知道的数学算式！

随后

现在100个人就能够生产10 000辆啦。

| 大野先生的教诲 | ＝ | 不要用简单的算术进行经营，而要控制有度 |

丰田的独到之处

不要进行简单计算，寻找比简单计算更好的解决办法

08

不要存在"工作就是交付与得到"的想法，交付工作成果的时候要思考工作之后的事情

"前工序是神，后工序是客"

在所有的工作中，为自己的工作做准备的是"前工序"，接收自己工作成果的是"后工序"。

工序衔接不仅限于公司内部，也会存在于公司外部。供应商就是这样的例子。

我们是否对"前工序"表示了感谢？是否充分地考虑到了如何努力工作才能让"后工序"更方便？如果在这方面欠考虑的话，我们会给别人带来很大的麻烦，也会给自己的工作造成障碍。

为了援助一家亏损公司而出任总经理的E先生，一方面以丰田生产方式为基础进行生产改革，另一方面也用自己的实际行动推进员工们在意识上进行改变。比如说在送走前来拜访的供应商代表的时候，

E先生每次都送到大门之外，然后深深地鞠躬、目送离开。

年轻的采购负责人很惊讶地询问E："我们是付了钱让他们工作的，为什么还要这么客气呢？"E先生这样反问："你明天能不能找到一家公司代替他们按照要求交付我们需要生产的部件？"

采购负责人说："不能。"E先生继续说："供应商是在帮我们做我们自己做不到的事情。因此，供应商是我们应该感谢的'神'，我们要客气地对待他们，这是理所应当的。"

丰田生产方式提出"前工序是神，后工序是客"，不能对供应商产生"他们就是为我们做事的"的轻视他们的意识。

为了自己轻松工作，先要让周围的人轻松

E先生也向员工展示了"后工序是客"这件事情。有一天，他和非生产部门的员工去工厂，问了对方几个问题："为什么采购部要买那些需要依次拆开包装的零件？""为什么财务部要让忙得不可开交的生产现场的员工填写那么多单据？""生产线使用的工具和操作台是否能更便于使用？"

这些问题全部都是为了"后工序"工作更简单而需要深入思考的问题。E先生问非生产部门是否思考了这些问题。

员工们也努力地想正确地进行资金管理。E先生想说的是，如果能够加入"如何让'后工序'工作更简单"这样的思考，那么一定能

够找到更好的工作方法。

比如说拜托了员工复印文件，员工是否就随便地复印了之。如果被拜托的员工能够考虑到"阅读方便"这件事情，就会用文件夹把资料夹好。也就是说，在对方接收自己的工作成果时，我们仅仅做一些简单处理，就会让后续作业变得更加轻松。

E先生就这样改变了职员的意识从而推进改革。

✎ 丰田因此成为世界第一

对于"后工序"，我们思考"如何制作更加方便""如何更加容易卖出去""如何更加容易……"是非常重要的。每个人都为了"后工序"认真思考，那么工作的质量也会相应地提高。

思考如何让"后工序"更加轻松

将供应商的负责人一直送到大门外的E总经理

我们明明是掏钱的甲方，为什么要这样做呢？

你能代替那个公司帮我们制作零件吗？

不能。

供应商是"神"啊，我们当然要毕恭毕敬地对待了。

丰田生产方式 ＝ "前工序是神，后工序是客"

请复印一下这份资料。

好的。

真是个好员工。资料全都用文件夹夹好了……

工作时多为"后工序"着想，大家都会心情舒畅

丰田的独到之处

每个人都应该多为后工序着想

09

请靠近同事们的办公桌，营造出一个同事之间自然而然碰面、自由交谈的工作环境

不要建立孤岛

因为工作是在人与人互动下推进的，因此必须建立确保在生产现场工作的工人之间相互关联的工作环境。

丰田生产方式提出"不要建立孤岛"，以确保人和人之间的联系。

有一家工厂，使用着一条非常复杂的生产线。部件需要通过传送带从一楼传到二楼，然后再传回一楼。在偌大的工厂里，一楼和二楼之间只通过楼层两端的楼梯连接。

走到楼梯口然后上下楼是非常麻烦的，因此大家如果有事都通过内线电话沟通，员工们见面说话的机会特别少。在宽敞的厂房里，庞大的机械设备都在高速运转，员工见面沟通的机会又非常少，每个人俨然成了一个"孤岛"。

这家工厂在导入丰田生产方式进行生产改革的时候，最初要改革

的就是特别长的生产线。

如果不改变现状，员工交流非常困难，也会对重要的团队建设造成障碍。

在宽敞的厂房中，人与人之间的物理距离都比较远，他人很难帮助那些工作进展慢的员工。大家想要短时间内开会集思广益，再在短时间内回到工作岗位工作也是非常困难的。

这家工厂先要做的就是尽可能地缩短生产线。将二楼的生产线移到一楼，无谓的上下楼的动作就没有了。通过大幅缩短生产线，让人与人之间的距离保持在能听见说话声音的范围内。这样，员工之间的交流自然而然变得密切起来。

大家协力合作、集思广益，创造出了这样的环境，工厂的生产改革终于走上了正轨。

团队沟通效果和距离远近相关

苹果的创始人乔布斯也了解"KAIZEN"（改善）。他曾经说过，改革的想法来自那些深夜"如果有新的想法就打电话沟通"的员工们。乔布斯非常重视丰田生产方式这样的沟通方法。

在建造新办公大楼的时候，乔布斯非常在意构建一个空间，让那些平时几乎见不到面的员工能够自然地见面、自由地交谈。

一个个独立的小工作室当然好，但是不利于大家分享意见。乔布斯虽然撤回了在卫生间也构建自由空间的异想天开的想法，但是当苹果公司的新办公大楼建好之后，确实构建了一个便于员工们沟通的办公环境。

✏ 丰田因此成为世界第一

组织中很容易形成按部门和工作内容划分的独立空间。因为沟通减少而阻碍信息传递，员工很难见面并发挥智慧。为了防止这样的情况发生，公司应尽可能地清除物理上的壁垒。人与人之间的距离缩短了，交流变多了，自然而然就容易产生智慧了。

缩短距离更容易激发智慧

生产线又长又复杂的工厂

用电话进行联络

需要上下楼梯

联络不畅，缺乏交流

这个创意如何？

很有趣!

丰田生产方式 = "不要制造孤岛"

有好的想法时立刻就能够
展开合作

丰田的独到之处

尽量去掉物理屏障

10

不要为了降低成本而牺牲供应商的利益，而要为了保证利润献计献策

不是便宜地买，而是便宜地卖

降低成本最简单的方法是降低从供应商采购产品时的价格。虽然谈判是必要的，但是不要让双方都感到不愉快。

但是，如果这样的事情反复做的话，企业就很难和供应商保持良好的关系了。另外，这样也不能使自己积累降低成本的经验。长此下去，公司的竞争力会越来越弱。

以大野耐一先生的理论为中心的丰田生产方式在向外推广的时候经常把年轻的丰田的工作人员派到供应商那里，帮助供应商进行生产改革。在推进生产改革的过程中，如果品质好的产品能够被便宜、迅速地制造出来，不仅能够帮助供应商降低成本，丰田的采购成本也降低了。

大野先生的改革目标是供应商能够在卖给丰田便宜产品的同时，

自己也得到利润。丰田生产方式的"卖得便宜"不是剥夺对方的利润，而是让供应商在以便宜的价格向丰田供货时仍然有利润。

不要剥夺合作对象的利润

一家大型建筑公司导入了丰田生产方式。为了降低成本，员工F最开始提出的方案是：大幅削减采购的价格。上司说："虽然这样做降低了成本，但这仅仅是靠剥夺了对方的利润而实现的，并不是真正的丰田生产方式所提倡的改善。"于是，他制止了F。上司又说："我们应该先做好改革，如果希望供应商降低价格，那么我们应该和供应商一起想办法，让供应商便宜地给我们供货，同时又有利润。"

在理解了上司的意思之后，F立刻派出了包括自己在内的年轻员工常驻供应商，着手收集改善的案例，并推进实行。

F的做法在刚开始时遭到供应商员工排斥，并不是很顺利。但即使这样，F的团队也坚持到底，推进改善。通过长达一年的改革，供应商的供货价格大幅下降，供应商的利润也提高了。

不仅如此，通过和供应商一起改善，培养了年轻的员工，这家公司的改革也产生了飞跃式的发展。这应该是最大的收获。

没有具体的对策，仅仅要求供应商降低供货价格、缩短交货期等，只能得到供应商"别漫天要价了，我们不可能被无理地欺压"这样的反击。

"为了这样我们应该怎样做"，如果我们解释好这些事情，然后与供应商在生产现场共同实践，时间长了就会与供应商构筑起共存共荣的关系。

丰田因此成为世界第一

丰田生产方式中最重要的是"自己先做"和"提出具体方案"这两点。我们绝不做利润的剥夺者，最终达到双赢才是最重要的。这样做的话，自己也能够成长。

与供应商达成双赢的方法

在某大型建筑公司推行降低成本策略的F

让供应商的供货价格下降一些吧。

一味地压榨供应商的利益并不是真正的改善。

如果想让供应商降低供货价格，就要与供应商一起努力寻找办法。

与供应商一起进行改善

虽然供货价格降低了，但供应商的利润却提高了

错误的做法

价格再低一些。

工期再短一些。

太过分了，你们总是提出无理要求……

不可能长期单方面地提出要求，应该与供应商一起想办法

丰田的独到之处

"自己先做""提出具体方案"，带动他人一起行动

苹果和亚马逊都引入的
"丰田生产方式"

　　非常遗憾，只有很少人知道丰田生产方式已经广泛应用于汽车行业以外的其他行业了，尽管它在汽车制造商中也是特别的工作方法。因此，笔者很想让大家知道，其实在海外有很多的IT企业都成功地导入了丰田生产方式。

　　比如说苹果公司。乔布斯说："我在日本访问了许多实行'看板管理'的企业。"他对于丰田生产方式的"减少浪费来制造商品"的理念非常感兴趣。

　　乔布斯很早开始就对丰田生产方式有着浓厚的兴趣，在生产苹果电脑的时候以及苹果创建NeXT软件公司的时候，都实践了丰田生产方式。

　　另外，乔布斯选择现任苹果CEO库克的原因之一，也是因为他在康柏电脑公司工作的时候用丰田生产方式进行采购和供应商管理。

戴尔的创始人迈克尔·戴尔也是这样。他对丰田生产方式的"严格按照购买量生产产品"的方法非常感兴趣。为了学习丰田生产方式，戴尔阅读了很多书籍。26岁的时候，他访问了实行丰田生产方式的日本船井电气的工厂，连着问了好几个小时的问题。

戴尔"按订单生产产品"的做法，是从丰田生产方式借鉴而来的。

丰田生产方式和服务改善相得益彰

亚马逊的创始人杰夫·贝佐斯也是一样。他对丰田生产方式的"不懈改善"有着浓厚的兴趣，并在公司内采用丰田生产方式的方法。

杰夫·贝佐斯非常感兴趣的是"问五次为什么"。如果出现问题时，仅仅找出表面原因然后就进行应急处理的话，以后很有可能还会出现同样的问题。只有开展探究真正原因的改善活动才能避免类似的问题再次发生，同时生产线以及产品的品质也会得到相应的提高。

贝佐斯深谙此道。一次，亚马逊的物流仓库发生了一起小事故，他彻底地检查了事故发生的原因，改善了问题。同样，对于顾客投诉，杰夫·贝佐斯也要求各部门合力调查引起顾客投诉的原因，开展改善活动。

这样的做法非常耗费时间，如果做应急处理，并且以后加以注意就结束的话是非常省时间的。但是，这并没有找出真正的原因。像贝佐斯这样重视效率的人也懂得丰田生产方式是必须遵守的——"虽然花费时间，但是为了不再出现这样的问题也要这样做，只有这样才能提高我们的可信任感和服务"。丰田生产方式和服务改善两者的理念其实是相通的。

苹果、戴尔、亚马逊并没有将丰田生产方式全部导入进来。这些公司都只是选出其中最适合自身发展的要素来强化自己的竞争力。

丰田生产方式之中有"如果把目光投向世界，或多或少都会有优秀的便宜的东西"的说法——找出能够向世界学习的东西、有参考价值的东西，并且加以运用，能够增强企业的竞争力。

和汽车制造行业没有关系的商界人士，正在将丰田生产方式中优秀的方法一点一点地学习、运用起来。

如果改变思考方法，
结果也会改变

11

不要害怕变化，改变之后如果不对就再去改变

"不变不是好事情，即使尝试错了也要改变"

做事情的时候，你是会想到"今天没什么工作，真好"还是会想到"今天又有变化了，真好"？

我们当然没有必要勉强自己天天改变，但是在今天这样一个飞速变化的时代，变化是很平常的事情，我们是否做好了接受变化的必要准备呢？

1995年，奥田硕先生在担任丰田总经理的就职演说中表明了自己的信念。他说："我认为从此之后的丰田如果没有任何变化就是最坏的事情。尝试之后犯错误都没有关系，我希望大家勇敢地面对挑战，并对这样的事情给予正面的评价。"

奥田先生说的"没有变化是最坏的事情"的意思是：随着公司日益壮大，人们改变的欲望会慢慢降低。"都已经很顺利了，不想做多余

的事情"，这样保守的想法在企业中特别普遍。奥田先生是想让日渐保守的丰田重燃挑战的意识。

企业害怕变化的原因是非常清楚的：改变的结果如果不好，事情就会变得棘手。根据丰田生产方式的理念，我们可以对害怕改变的人说这样一句话："如果改善的结果是改错了，那么我们再改回来就可以了。"

如果目的是正确的，中途即使错了也不要呵斥

一位年轻的丰田员工在车间被指示要负责生产改善，但他不敢尝试新的方法。上司问为什么，这位员工说担心他失败了会给大家带来麻烦。上司鼓励他说："如果出现问题，也是因为你想要改善才失败的，不会比现在还要糟糕，果断地去做吧。"

看见自己的员工即便被这样鼓励也不敢尝试的样子，上司便接着鼓励他说："改善的结果如果变得不好了，只要再一次改善就好了。"听上司这样说之后，那位年轻员工如释重负，像换了个人一样开始积极地工作。

拘泥于失败带来的负面情况，是因为担心受到责难，被指责做了多余的事情。

能否消除这个恐惧取决于上司和周围人的态度，这是关键。改善的结果即使变坏，我们对待这件事情的方法也应该是去调查失败的原

因，然后再次改善。

丰田生产方式的"改善"虽然是以优化现状为目的的，但是在优化的过程中，"变化"是非常重要的。只要目的是正确的，无论变化的结果怎样都不要去指责负责改善的人，只要继续改善，结果就会朝着好的方向发展。

✏ 丰田因此成为世界第一

即使遭遇一两次失败，我们也不要轻易地退回到起点，调查失败的原因，然后再次改善就好了。"日日改善，日日实践"是丰田生产方式的基本规则。通过改善，如果能够建立"改变是正常的事情"这样的想法，"迎接改变"的企业文化就会逐渐形成。

创建"改变是理所当然的"的企业文化

企业发展壮大之后……

1995年，奥田先生就任总经理

| 越发害怕变化 |
| 越发趋于保守 |

没有变化是最坏的情况！

生产现场的"改善"进展不顺利的年轻丰田员工的故事

为什么没有进行改善？

因为我害怕一旦失败会给大家添麻烦……

事情不会变得更坏。就算改善的结果不尽如人意，只要继续进行改善就行了。

不要害怕改变的结果，只要坚持改善就一定能够朝着好的方向前进

丰田的独到之处

失败的话，就找出原因继续改善，关键在于坚持不懈

12

不要用平均值去看事物，要看的不是整体情况，而是每一个变化

伊藤洋华堂的创始人伊藤雅俊学到的丰田生产方式

平均值虽然便于查看，但是很难看到事情的本质。如果看不清事情的本质就看不到问题，如果看不到问题就不能提出改善的方案。

在第一次石油危机中，很多人对丰田生产方式产生兴趣，很多制造企业慕名前来丰田学习，甚至连服务业的人也来拜访了，其中就包括了伊藤洋华堂的创始人伊藤雅俊。

大型商超是在日本经济高速增长期中急速成长起来的，但石油危机使形势急转直下，经营变得很困难。伊藤先生为了解决积压货物的问题，拜访了位于丰田市丰田总部的大野耐一先生。

销售品种太多容易导致库存积压，过少又会导致顾客流失，"适当的库存"到底是多少？伊藤先生带着这个疑问请教了大野先生。

在当时的常识当中，超市一般平均保持足够销售三个月的库存。

但大野先生提议说应当认真检查一下每一项商品的库存。

"按照预想来看，畅销品的库存几乎为零，而卖不出去的商品上面会落六个月的灰尘。这样平均下来的库存销售周期就变成了三个月了。"大野先生说出了自己的想法之后，伊藤先生给出了肯定的回答。因此，大野给出的建议是：细致地确认每一种在库商品，将卖出去的理由和卖不出去的理由都回溯到"前工序"去调查，建立"在必要的时间采购必要的供应品"的制度。

最重要的是读懂每个数字

丰田生产方式所说的"不要以平均值看问题"的原因是，这样看问题，在很多情况下会对真实情况产生误解。同时，仅仅关注一个数字也容易犯错误。

比如说，丰田汽车在全球市场中所占份额是领先的，但这只是加起来的数字，实际上有很大的偏差。虽然丰田在日本和美国销量非常高，但是在欧洲、中国、印度或者南美洲怎么样呢？我们就会知道：原来只是很一般的状态。

丰田的前总经理渡边捷昭说："从单个数字看的话，我们达到了真正的全球顾客都认可的水平，但这只是'非常顺利'的错觉，如果真是这么想的话，我们就犯了很大的错误。"

比起平均值和加法，重要的是每个数字。丰田生产方式认为重要的事情是要像读懂"自己的身高"一样，去读懂每一个数字。

我们经常说"卖不出去""业绩很难增长"，但这是整体的情况，并不是每个个体的情况。为什么有些东西能卖出去，为什么有些东西卖不出去，每一个问题都要思考，从卖不出去的东西中找到能卖出去的办法。

> ✏️ **丰田因此成为世界第一**
>
> 这并不是说不看平均值，只是说平均值不是全部。如果看不到一个个问题，而常常用平均值来观察事物的话是非常危险的。因为数字不能说话，我们才要保持"改善问题"的立场。

有时候，只看平均值很难发现事物的本质

学习丰田生产方式的伊藤雅俊

我们平均会保留够卖三个月的库存，请告诉我多少库存比较合适？

畅销品的库存接近于零，滞销品的库存够卖六个月，所以平均是三个月吧？

与整体的平均值相比，各个单品的库存数据更加重要。

××的库存还很多。

对畅销品和滞销品分别进行检查 ➡ 单品管理

丰田生产方式 ＝ 不用平均值看问题

丰田的独到之处

数字不是为了"说明问题"，而是为了"改善问题"

13

不要总是找做不到的理由，即使觉得无法完成，也要思考解决问题的方法

即使说明了不能做的理由也无济于事

在工作中，我们总会遇到一些需要解决的难题。同时，我们偶尔还会出现无论如何想办法都无法解决的事情和能力所不及的状况。费尽心力之后，我们很容易就想找"做不到的理由"。但无论是怎样合理的理由，问题还是得不到解决。

年轻的丰田员工G被上司指派去解决一项难题。在被委任的时候，他就觉得这是个力所不及的难题，自己解决不了。

即使这样，G也没有放弃思考，但确实是做不到。束手无策之下，G在第二天向上司报告了自己虽然考虑了很多，但无论如何也没有办法去做。

然而，上司对G说："你才思考了一天就说做不到，这样是不行的。"然后，上司给G延长了一天，让他好好想想。虽然放宽了一天，

但"如果明天再想不出办法，工厂就会陷入困境了"。上司也严肃地对G说了事情的重要性。

G绞尽脑汁，请教了前辈和相关部门的同事，但是得到的反馈都是"太难了"或者"没办法"这样的回答。

"真的是做不到。"G在第二天快下班时向上司说明了做不了的理由，"真的是束手无策"。上司沉默地听着，很久之后才说了一句："知道了，那么我把工作交给别人吧。"

即使觉得无法完成，也要思考解决问题的方法

G大受打击，原本他预想得到的是上司"果然是做不到的"这样的理解，或者是"你能做什么！"这样的呵斥，但上司仅仅说了一句"知道了"。

结果，第三天早上，上司对垂头丧气的G说："我们一起想办法解决吧。"

看到G放心的表情，上司说："G，即使是再合理、再优秀的做不了的理由，也解决不了困难。工厂现在已经遇到问题了，有人因此非常苦恼，公司也会陷入困境。因此，现在最重要的事情不是说不能解决问题，而是无论如何也要试一试，看看有什么解决方法，我们要有这样的信念。"上司的话打动了G，G开始为了解决问题而奋斗。

丰田生产方式认为，"即使觉得无法完成，也要思考解决问题的

方法"。

　　成功概率非常低的难题和项目，谁都不想去做，因此我们就会很容易想出一些做不到的理由。要转变这样的思想，如果多想想"如何做能够解决问题"，我们往往就会想到解决方案。

✎ 丰田因此成为世界第一

　　人的脑子如果从一开始就出现"不能解决"的念头，就总会想些不能解决的理由；如果从一开始就想着"能解决"，那么就会摸索"能够解决的方法"。最重要的事情不是"做不到"的理由多么充分，而是让自己兴奋起来，相信自己能够做到。

要想克服困难，先要扔掉"做不到"的思想包袱

被上司指派了困难任务的G

将自己的思考切换为"如何才能解决问题"

丰田的独到之处

带着"能做到"的想法开始行动，就会自然而然地思考"怎样才能做到"

14

不要觉得"讨厌"或者"麻烦"就结束了，试着思考"如何做能够愉快"

如果觉得"痛苦"，就要思考"怎样做才能够快乐"

虽然为了解决问题而必须改善，但是对于思考改善方案本身，觉得麻烦或者困难而感到厌烦的人不在少数。我们应当记住，要从自己身边的事情开始思考"如何改善"，找到让自己轻松、快乐工作的方法。

为了帮助一家亏损企业而就任经理的H，想重新启动已经停止的改善活动。

企业业绩恶化之后，就很容易陷入拿不出资金来进行改善的困境。改善终止的话，确实能够暂时节省资金，但是这样就无法产生新的想法，结果是业绩往往会继续恶化。H当然是想要让改善重新启动起来。

但是，最初即使号召大家想办法，员工也几乎拿不出改善方案。

因为大家觉得，即使说了也不会改变什么，所以选择放弃；或者觉得改善是一部分人做的事情，自己发挥不了什么作用。

于是H召集员工，他说："你们是否在工作的时候会觉得很难受或者不好做？如果放任这种思想，你们就会对工作不满。但是如果我们思考了有什么办法能变得更好，或者怎么做能够让工作更轻松、快乐，那么就会产生改善方案。"他再次强调："丰田生产方式的'改善'虽然是为了公司，但也是让每个人都思考如何能够使工作更加轻松、快乐的方法。"

好的窍门从负数中产生

即使察觉到问题，有些人也不善于思考如何做才能改变的方法。那样的人如果出现问题了，找同事商量会更好。有些人虽然没有发现问题，但是善于思考改善方案，肯定能给出如何做会更好的想法和意见。也有一些人善于把想法落实到实处，所以将这些人组合成一个团队就能够解决问题。

这就是"三个臭皮匠顶个诸葛亮"的做法。这样做，每个人都可以发挥自己的优势，参与到改善活动当中。

丰田生产方式中的"改善"，不需要一个"超级明星"把所有事做完，而是集合每个人的智慧和努力共同推进，完成"改善"。

不管什么样的工作，都会有棘手的事情或者问题出现。如果一直忍耐这些事情的话，我们就会讨厌工作，甚至想要辞掉工作。如果我们将思考方向转换一下，将忍耐力转变成"如何做才能更轻松"的思考力，自己不善于做的事情，还可以借助同事的力量。

H所在的公司也是一样，大家转变思考方式，改善方案逐渐被提了出来。

丰田因此成为世界第一

刚开始工作便立刻看时间，想着"为什么不早一点到下班时间"的员工，也会有晚上一想到了改善方案就想要早点到公司的时候。不是"去工作"而是"去发挥才智"，这么想，工作就会变得快乐、轻松。

从身边开始改善，让工作变得更加轻松

为了扭亏为盈而重新开始改善活动的H经理

大家集思广益、齐心协力，改善就一定能够取得进展

丰田的独到之处

用智慧让工作变得轻松

15

不要想着"这样就可以了"而告一段落，要"问五次为什么"，然后找到真正的原因

"问五次为什么"

丰田生产方式的代表性做法之一是"问五次为什么"。如果我们不多问一两次"为什么"，是找不到问题的真正原因（造成表面原因的真实的原因）的。在找到真正原因之前，不管多少次，我们也要一边问自己"为什么"，一边尽力去调查。这是象征着丰田执着精神的做法。

担任技术指导的年轻丰田员工I有过这样的经验。车身车间要对汽车的车架进行螺母和夹具的安装作业。后续作业的部门将夹具弯曲的车架送回车身车间，也就是将不良的车架"退货"。

当时，夹具弯曲的情况在每1 000次中才会出现1次。因此，I并没有立即应对，而是将不良的车架搁置在一边。这时大野耐一先生来到车间，因为有问题立刻探明原因才是丰田生产方式，所以大野先生看

见I就那样将车架放置在角落里非常生气，指示I："你的工作是找出不良情况从哪里发生，请彻查夹具弯曲的真正原因。"

I开始了调查，但是除了车身车间之外还有机械车间和组装车间，工序非常多，找到不良情况发生的工序几乎是不可能的。经过两天的调查还是没有结果的I提交了报告，称没有找到真正的原因。但是大野先生并没有说"找了两天了，够了"，而是说"请继续调查，直到找到真正的原因为止"。

这是罕见的情况。大体来看，即使无法找到夹具弯曲的真正原因，也有修理不良车架的方法。但是，大野先生绝不会放弃。"你知道你为什么没有找到真正的原因吗？因为你没有探究到找到原因为止。"他这样叮嘱I。

第三天，I终于在机械车间发现了夹具弯曲的原因，立刻找到操作的负责人实施改善。从此以后，生产现场再没有出现由于同样的原因而产生夹具弯曲的事情。

最踏实的成功方法是做到尽力

不限于工厂，在各类生产现场，每天都有很多问题产生。没有调查原因只做应急处置的话，类似的事情就会再次发生，更大的问题也可能会出现。

最重要的是调查真相，然后为了不再出现相同问题而进行改善。

　　当然，也会有对真相"问五次为什么"的情况，这是因为既有简单的情况，也有复杂的情况。在这个时候，我们是想因为调查真相浪费时间而将其放置一边，还是充满了执念地想着"一定要找到真正的原因，调查清楚为止"，两者之间是有很大差别的。

　　虽然"找到原因为止"不是什么大不了的事情，但是有没有这样的信念，结果会出现巨大的差别。

✎ **丰田因此成为世界第一**

　　"问五次为什么"是非常难的。有人觉得两三次已经可以了，也有人会很机械地"做五次就好了"。不要忘记丰田生产方式提到的"五次"是"看到为止，明白为止"的意思。

找出真正的原因之前不断问"为什么"

担任技术指导的年轻丰田员工I

两天后

两天后

> 找出真正的原因，通过改善让问题不会再次发生

丰田的独到之处

> 在找出真正的原因之前必须坚持不懈

16

不要说完"抱歉"就完事了，要将失败记录下来

要将失败记录下来

在日常工作中，我们肯定有时会遭受失败的打击。如果这些失败能够在通往成功的道路上给我们启示，我们就获得了飞跃式成长的机会，但是很多人并不能很好地利用失败。

善用失败有着相当重要的意义。丰田生产方式的要求中有"记录失败"这一项，这是为了不再犯同样的错误，并将其作为全公司的共同财富。

有一位年轻的丰田员工J，有一次向美国发出了订单，采购研发必须使用的设备。当然，这经过了公司内部正规的申请手续。但是那台机器的价格非常昂贵，相当于J月工资的100倍，而且那台机器送达之后就被发现存在问题。

J战战兢兢地向上司汇报情况，上司觉得这是J的问题，指责J并要

他负责任。于是，J一个人向当时负责研发、后来担任丰田汽车董事长的丰田英二检讨。当然，J已经做好了被批评的心理准备，但是丰田英二先生问道："你现在找到了机器的问题所在了吗?"J回答："找到了。"丰田英二先生告诉他："找到就好，这次失败就当成你的学费了。"

可以预见的失败和同样的失败重复多次是不能够被原谅的，但是为了得到新的知识而尽了最大努力之后的失败是可以被原谅的。

丰田英二先生说："即使是失败，如果觉得对，那你就去做吧。当然，你要把失败的经历以书面形式写下来，必须写下来才能记住，否则不能警告以后的人不犯同样的错误。"

不是追究责任，而是探究原因

鼓励部下"勇敢去挑战"是上司的一项工作。如果部下竭尽全力之后还是失败了，上司不应指责部下。如果指责的话，部下就没有"挑战"的想法了。

因此，丰田生产方式要求"不是执着于追究失败的责任，而是重视探究失败的原因"。在此基础上，为了避免同样的失败发生，即使再小的失败，也要把理由和对策记录成资料保存下来。

虽然口头传授失败的教训是重要的，但仅仅这样的话，失败的教训是很难成为公司的共同财富的。无论负责人怎么更换、时间怎么流逝，失败的教训也能被保留下来，这一点是很有必要的。建立大家能够看到和学习失败教训的体系是重要的。

当然，失败记录并不是简单地把失败记下来，而是在调查得出真相的基础上，把对未来产生什么样的教训等情况和解决方案完整地保留下来，这才是丰田的"失败的记录"。

✎ 丰田因此成为世界第一

有成功、有失败的工作和没有成功或失败的平淡的工作相比，不知道好多少。无论是成功还是失败，分析原因、留下记录，这才是公司共同的财富。这样一点一滴不断累积，工作才能变得更好。

将失败记录下来，失败的教训变成宝贵的财富

订购了有问题的设备的J先生

这台设备有问题啊……怎么办？

不是你说这台设备好的吗？

向丰田英二先生汇报后……

你知道设备的问题出在哪里了吗？

知道了。

知道了就好。这就是你的学费。不过，写一份失败经历的总结吧。

丰田生产方式 = **工作失败不追究责任，但追究原因**

丰田的独到之处

不管多么小的失败，也要将原因和解决方案的书面记录保留下来

17

不要把探究原因的任务交给部下，如果发生了事故，责任人要亲自确认

仅仅看资料没有说服力，最好的解决方案在现场

丰田的口头禅之一是："到现场看了吗？"

比如指导工作的时候，如果下属在报告上写"我已经尽力工作了，但还是不行"，那么上司一般会想到"真的努力了，但是很遗憾"。上司的水平，是看到资料或者听报告就能够理解状况的。

但是如果任何事情都只是读或者听，是没有说服力的。丰田生产方式还加入了"用眼睛在现场确认"这一条。这样做的话，哪些事情在预料之外、从哪个地方着手会更好，将能够被确认，然后上司可以给出相应的建议。失败是下一次成功的基础。如果成功了，可以将成功的事例推广到其他的部门；即使失败了，失败的教训也是公司的财富。

即使是很小的事故也要去现场，自己动脑想对策

曾经有一家实践丰田生产方式的公司的工厂内频繁发生小事故。虽然那都不是致命的事故，但数量却比同行业其他企业多出很多。安全和品质是一切的前提。为了实现安全生产，公司向这家工厂派遣了K。

在K就任数日后，现场又发生了一次小事故。发生事故部门的部长将事故报告上报了之后，K对于报告内容产生了怀疑。但是部长窘于回答便叫来了科长，科长也不能够准确回答便叫来了组长。组长一说，K便懂了，终于得到了能够说服自己的理由。

经历这件事的K立刻明白了个中原委，于是当再次发生事故的时候，K立刻到了生产现场。果然和K想的一样，部长和科长都不在，只有组长将现场的工人说的记录下来。

在这家工厂，领导都不去事故现场，仅仅是从下到上层层报告。这样的做法不管是查明原因的工作还是提出对策的工作都是不彻底的，当然减少不了事故的发生次数。

K指示部长和科长，无论多小的事故都要去现场调查原因，为了不再发生相同的事情而采取改善措施。当然，K自己也必须在现场，用自己的眼睛确认。

最终，这家工厂的事故急剧减少，大家也都向着以前都认为是不可能的"事故零发生"的目标而贡献智慧、努力前进。

不仅限于事故，失败也要用自己的眼睛看，自己思考。不在现场的负责人，必须赶赴现场调查原因、思考解决方案。这样真诚的态度能够减少失败，防止事故发生。

在丰田生产方式中，这种做法被称为"现场的教训"。

✏ 丰田因此成为世界第一

虽然用自己的眼睛确认所有事情是很难做到的，但我们必须有这样的意识，那就是仅仅听别人说或者看报告是不能够完全理解事实的。最重要的方法是要在现场观察，不能够轻信写在纸上的文字或者人们说的话。

出现失败要用自己的双眼进行确认，用自己的头脑进行思考

被派遣到事故多发工厂的K先生

只看部下提交的报告无法降低事故发生率

丰田的独到之处

出现事故的话，负责人要前往现场调查原因、思考解决方案

18

不要状况好的时候就很兴奋，状况好的时候采取措施才能在状况不好的时候生存下去

以"不裁员"著称的丰田只有过一次裁减人员

虽然很多人都在说摆脱困境，但是几乎没有人说如何在顺境中突围。在公司状况好的时候或者业绩好的时候，我们一定要做些什么，因为未来是瞬息万变的。

以"不裁员"著称的丰田只有一次大规模裁减人员。那是1950年的事情，当时汽车卖不出去，在库房堆积如山，迫于资金周转压力，丰田接受了银行的贷款。

但是银行的条件是裁减1 600人以及让丰田创始人——时任总裁丰田喜一郎辞职。是无可奈何地接受银行的条件还是选择破产？

丰田接受了银行的条件，裁减了人员，丰田喜一郎也辞职了。

出任新总裁的是被称为"丰田中兴之祖"的石田退三先生，而解救困境的是伴随着朝鲜战争而来的"战时特需"。来自美国的大量军用

运输卡车的订单，使丰田一时大获成功，从减产变成了大增产。

这时一个严重的问题出现了：失去了1 600名员工，如何构筑增产之后的制度？之前，7 000人每月生产1 000辆汽车，现在变成了5 400人每月必须生产1 500辆汽车。

虽然丰田可以按照平常的想法雇用新人，但是石田先生并没有采取雇用新人的做法。

当然，丰田为了提高产能增加了一些设备投资等，但是石田先生说："我提出来的方针是直到最后都要控制人员的数量。'战时特需'只是一时的情况，我深深地感到：和摆脱困境一样，在顺境中突围也必须找到对的方法。我们必须控制好刹车。"

在顺境中突围的设想

石田先生的指示让生产部门的负责人大野耐一头疼不已。

按照原来的做法是达不到增产效果的，但是如果要求多加班，员工又会说："那么就把辞掉的那些人叫回来吧。"

由此产生的是"以最少的人通过减少浪费来生产制造"的丰田生产方式。虽然人员不增加，但以现有的人员通过改善活动提高生产效率，付出最大的努力将不可能变成可能，丰田实现了跨越式发展。

当时，有些企业在进行人员削减之后迎来顺境，以增加人员来应对需求激增。但是当"战时特需"结束之后，这些企业大多又陷入困境之中。

　　泡沫经济时期，企业也好，人也好，都财大气粗，企业往往会大量招聘人员，这个时候如果没有"在顺境中突围"的想法，一旦遇到了不景气的情况，企业可能一下子就会陷入绝境。

✎ 丰田因此成为世界第一

　　不好的时候，人一定要付出努力。但是状况好的时候，即使不尽全力也能够因为有利的环境获得不错的业绩，几乎没有人思考如何"在顺境中突围"。但是，只有在顺境中深思熟虑，才能培养出渡过难关的能力。

面对机遇的时候做出的选择将决定未来的发展

丰田没有因为"战时特需"而增加员工

太好了! 美军给我们下了大量卡车订单!

难题 如何构筑增产制度

7 000人 ---一个月→ 1 000辆

5 400人 ---一个月→ 1 500辆

是否应该雇用员工?

不能增加员工，"战时特需"只是一时的。

在顺境中突围, 消除无用功

"在顺境中突围"的思想避免丰田再次陷入危机

丰田的独到之处

遇到困难时要发挥智慧，面对机遇时同样也要发挥智慧

19

不要碰到难题之后就立刻回答"不会"，人的智慧是无限的，要相信自己，继续思考

人的智慧是无限的

"丰田生产方式到底是什么？"如果有人这样问，回答一般都是"在人的智慧的基础上的'自働化①'以及'Just In Time'（准时制）两大支柱"。

"自働化"始自丰田自动织机的创始人丰田佐吉。丰田佐吉在自己发明的自动织布机中加入了出现故障时自动停止的系统，加入了人的智慧的"自働化"由此诞生。

"Just In Time"是丰田生产方式的创始人丰田喜一郎提出来的。之后，大野耐一将其实践并形成体系。

---

① 自働化是让设备或系统拥有人的"智慧"，"働"强调人机结合，而不是单纯用机械代替人力。因此，自働化与一般意义上的自动化有不同的含义。

两者共同的目标是"减少浪费"以及"通过人的智慧进行改善活动、制造产品"，丰田生产方式是从相信人的智慧开始的。

曾经，大野耐一将一个非常难的课题交给一位科长，但科长立即说做不到。大野先生大发雷霆，说道："你有那么多部下，你完全无视部下的智慧，就说完成不了，太不像话了。"

这是坚定相信人的智慧的大野先生的怒气。

因为大野耐一的口头禅就是："人是非常厉害的，人的智慧是无限的。"

无法相信任何事情的时候请相信自己

在实际工作中，有很多低估自己部下的智慧的经营者和管理者。但是，实际上不是部下没有智慧，而是上司没有引导部下发挥才能，这样的案例比比皆是。

断言"部下没有智慧"的上司其实是将"知识"和"智慧"混为一谈了。两者的区别是"知识是金钱可以买到的，但智慧是金钱买不到的"。知识可以通过在学校学习或者读书掌握。但是，解决工作中的问题的智慧，只能是自己通过工作习得的，绝无其他方法。

因此，丰田生产方式要求上司在工作中不时让部下陷入困境，以此激发他们用自己的智慧解决问题。

感叹"部下没有智慧"的上司，其实是失职的。

一位丰田在职员工在丰田退休员工酒会上感叹："最近太忙了，人手和时间都不够。"其中一位退休员工说："不是人手和时间不够，而是你的智慧不够。"

这就是丰田。最重要的是相信人的智慧，相信人的无限的可能性。上司也好，部下也好，要形成一个整体，一起激发自己的智慧。只有这样，才能培养出强大的竞争力和出色的制造能力。

✎ 丰田因此成为世界第一

部下没有及时回应上司的问题或者早早放弃，绝对都是因为没有善用智慧。对于部下来说，要先相信自己的智慧。如果我们不相信自己，那还能相信谁呢？丰田生产方式始终相信人的智慧。

丰田生产方式始于对人类智慧的信任

因为说了"做不到"而遭到大野先生训斥的科长

| 大野先生的口头禅 | = | "人是非常厉害的，人的智慧是无限的。" |

参加丰田退休员工酒会的丰田在职员工

批评部下"没有智慧"
的上司

⬇

这个上司缺乏激发部下
智慧的能力

丰田的独到之处

相信自己、相信部下，团结一致激发智慧

专栏：丰田生产方式的故事2

世界一流的丰田倾心于"仓库"的理由

对于美国IT企业的创业者来说，"创业要从车库开始"，这是创业精神和勇气的象征。

1939年创业的惠普公司就诞生在车库中。憧憬着创业的史蒂夫·乔布斯和史蒂芬·沃兹涅克在乔布斯的车库里成立了苹果电脑公司。1998年成立的谷歌也是如此，创业者拉里·佩奇和谢尔·盖布林借用了朋友的车库，搬进机器，一天24小时疯狂地工作。

1994年创立亚马逊的杰夫·贝佐斯，为了创业特意搬到了微软的诞生地西雅图，借了一处当地的车库，虽然没几个月就无可奈何地搬走了，但新搬去的地方还是车库。美国IT企业的创业者们确实是从心底很在意这件事情。

像美国IT企业传承的"车库文化"，丰田也有这样的传统。

这个传统就是日本式的杂物间。

丰田佐吉出生于日本静冈县湖西市，从小就一边帮助父亲做木匠的工作，一边在自己的杂物间里研究织布机。他发明了当时世界上性能最好的自动织布机。

现在，那个杂物间被改造成了"丰田佐吉纪念馆"，供丰田以及丰田旗下公司的员工参观学习和研修。

公司的原点是创业者最大的梦想

丰田佐吉先生说："我并没有优于他人的创造能力，所有的都是智慧的结晶。"只有小学学历的丰田佐吉先生，从改良母亲使用的手工织布机开始，通过自学和努力最终发明了世界级的自动织布机。

实际上，丰田佐吉运用的"制造产品，看到问题然后不断改善"的方法，就是丰田生产方式的雏形。

为了保护这个原点，丰田章男的父亲丰田章一郎对他说："即使丰田家所有财产都失去了，也不能失去这个杂物间。"这句话包含着丰田章一郎先生的全部思想。

随着企业越来越大，企业的创业意识往往变得越来越淡薄。当然，为了应对变化，企业也在成长，但是，守护创业时的热情和志向也是必要的。

曾经，乔布斯离开苹果，苹果制造产品的热情变得越来越淡薄，按照利益至上主义开展经营活动，陷入了濒临破产的危机。但当乔布斯重新回到苹果担任CEO之后，苹果终于又找回了创业精神，受全球追捧的iPod（苹果播放器）和iPhone（苹果手机）相继面世了。

丰田在陷入雷曼兄弟破产引起的危机时依靠着创业精神，回归到了丰田生产方式的原点。因为丰田已然成了大企业，对于新进丰田的员工来说，丰田佐吉纪念馆也许只是个"杂物间"而已，但是那里确实包含着创业者全部的热情和思想。

曾经，微软的创始者比尔·盖茨被问道："你的竞争对手是谁？"盖茨回答说："那些在车库里不知道发明着什么的家伙。"那些能改变世界的创新，总是从小的地方开始。世界第一的丰田也是从杂物间开始的。如果你有梦想或者想法，就从身边的地方开始，先试着去做吧。

突破自己的极限，
接受新的挑战

20

不要拘泥于常识，偶尔挑战"不可能"的事情来扩大自己的能力圈

如果去掉一个"0"怎么样?

工作是通过稍微脱离常识的想法不断改善的。不过为了改革，仅有这些还是不够的。有时，接受"绝对不可能"那种程度的"过分"的要求也是必要的。

坚决执行这个做法的是大野耐一。

比如当负责降低成本的L提出10亿日元的设备投资计划时，大野先生说:"这个投资计划的预算太多了，如果去掉一位数能行吗? 去掉一个'0'试试看。"

10亿日元在当时的情况下是正常的金额。即使说出5亿日元都是有些夸张的，更何况是做到1亿日元呢?

L怀疑自己的耳朵，但是大野先生的话不容置疑。除了想办法降低预算，他别无他法。L和工厂的员工共同努力，终于按照预算实现

了"少一位数"的目标。

虽然是严峻的考验，但是通过这样的挑战，丰田员工的智慧也由此被激发了出来。

从"位数错误"开始思考

岂止是将目标数字的位数减少一位，减少两位的项目也有。

20世纪60年代，丰田的生产车间的冲压机床程序更换（品种和工艺改变时需要的操作）需要3小时。但大野先生提出的要求是将这个时间缩短到3分钟。

这听起来是完全不可能实现的目标。当时世界最先进的汽车制造商的程序更换也要花费2小时。但是，年轻的丰田人知道，在丰田生产方式的产品生产过程中，把程序更换时间缩短为3分钟是非常有必要的，于是团队为大野先生的指示苦思冥想。通过合理化地不断改善作业流程和将操作顺序标准化，他们先把程序更换时间缩短为1小时。

虽然距离目标还有很远，但是这已经取得了质的飞跃。

在程序更换中，有机器不停止就不能开展作业的"内工序"和机器不停止也可以开展作业的"外工序"，所以团队决定将花费时间的内工序彻底外工序化。这是非常厉害的转换思维的方法，而且通过各种各样的操作，最终形成了能够单次操作就完成的措施。

就这样，虽然刚开始觉得把程序更换时间缩短为3分钟是不可能的，但最后成了现实。

如果是增减百分比，那么用常规的努力就能够实现。但如果是改变数字位数，因为所有的事情都必须从零开始思考，所以能够产生特别厉害的想法，而创新就在这样的时候产生了。

丰田生产方式一点一滴踏实改善的风格被人所熟知，但是丰田偶尔也会挑战看似不可能的难题，从而实现跨越式发展，成为世界级的企业。

🖊 丰田因此成为世界第一

正是在严格的要求之中产生的"能不能由……"才是丰田生产方式。试着思考一下，比如10个人承担的工作能不能由1个人完成。不是想着"无论怎样都做不到"，而是充分思考"要如何去做"，这样才能意外地产生好想法。

看似不可能的事情想办法实现

用1亿日元实现原本预算为10亿日元的设备投资计划

去掉一个"0"怎么样？

大概需要10亿日元……

想办法用1亿日元搞定。

只用了1亿日元就实现目标了。

将3小时的作业时间缩短到3分钟

将3小时缩短到3分钟。

想尽了一切办法只能缩短到1小时……

内部转换 ➡ 外部转换

＋

一键实现　缩短到3分钟

丰田的独到之处

将"无论如何都不行"变成"无论如何都要想办法"

21

不要仅仅按照上司的指示做事情，要加入自己的思考做工作

对于上司的指示，要加入自己的思考

如果上司指派工作的时候说得很详细，你往往就会仅仅按照上司的指示做事情。在丰田，如果完全按照上司指示的内容开展工作，自己的工作绝对是无价值的。在工作中，我们必须加入自己的智慧。

已经入职六年的丰田员工M所在工厂的设备出现了故障。M所在的部门负责在设备出现故障时及时处理，并且马上给员工下达工作指示。但是，偏偏M的上司出差了，当时没有手机，所以联系上司、等待指示也需要花费时间。因此，事情就变成了必须由M来做决定。

M想起了曾经类似问题出现时上司的处理方法，于是做出了同样的应对指示，随后事情顺利地解决了。

但当他将情况汇报给出差归来的上司后，上司严肃地批评了他。

理由是这样的：两个故障确实是很相似的，但是上一次故障和这

一次故障并不是完全相同的。尽管这样，M还是做出了和上一次同样的指示。"为什么不去动脑筋想出一个更好的解决方法？"这是M被批评的地方。

完全按照我说的去做的人是庸才

在丰田生产方式中，即使最年轻的员工都会有需要做出紧急应对的决定的时候，他们都被要求发挥自己的智慧。即使上司做出了详细的指示，员工也要在此基础上附加自己的智慧，思考更加优秀的办法。

大野耐一当然也是这样。如果当他说明了如何去做之后，部下完全按照他所说的去做的话，那么大野先生即使认同这个做法也会大发雷霆："完全按照我说的去做的人是庸才，用更好的方法去做的人才是聪明人。"

如果部下完全按照上司的指示工作却被说成是庸才可能会难以接受。但这正是丰田创新精神的体现。

比如买回来的机器，如果完全按照说明书所写使用，完全按照说明书中的方法制造产品的话，那么谁都可以去做。但这样的话是不能在竞争中超过同行业的其他公司的。这样使用机器也不是只有你才可以，你不是必不可少的。

我们只有在机器的使用方法中加入了种种窍门和智慧，才可以超过其他公司。

上司的指示、其他公司的成功案例或者在经管书籍中以及研讨会上所习得的理论，同样如此。我们必须在所有的事情中加入自己的智慧，才能让事情变得更好。

我们只有通过这样日积月累，才能培养独立思考的能力，才能诞生伟大的创新。

✎ 丰田因此成为世界第一

在当今时代，无论收集多少信息，我们是否只是在满足以复制粘贴的方式使用信息呢？在丰田生产方式中，仅仅满足于这样的人被称为"庸才"。在当今这个信息爆炸的时代，拥有自己的智慧是非常必要的。

在上司的指示中加入自己的智慧

遇到问题时，因为和上司采取了同样的处理方法而遭到训斥的M先生

大野耐一：完全按照我说的去做的人是庸才

多下功夫，多用自己的智慧

丰田的独到之处

智慧不断积累将诞生伟大的创新

22

不要仅满足于一种解决方案，要想出多种解决方案，然后选择最优方案

不要受限于"自己自信满满的解决方案是最好的"

像登山的路径不止一条一样，在工作中达成目标的方案也有很多。为了找到最优方案，我们要尽可能多思考不同的方案，从中选择，这个过程是必不可少的。

年轻的丰田员工N在上司指派的难题面前认真思考，想到了非常优秀的解决方案。于是，他赶紧将其写成具体实施方案，自信满满地提交了报告。但是，上司却说他的方案是毫无思想的。

"你除了这个方案之外，是否考虑了备选方案？你的解决方案与备选方案相比，有什么可取之处？"

N很意外，仅仅因为自信，一心认为自己巧妙的解决方案会被上司表扬，所以完全没有思考备选方案，也没有进行对比和探讨等。N还没有将丰田生产方式实践到工作中，而丰田生产方式的要求是"对

于一个目标，能够实现目标的方法和方案会有很多"。

对于目标，实现方法有很多

一家食品制造企业事故频发。从工厂配送到超市的物品不能够按照规定时间送达，在规定时间内送达的也都是不合格品，这样的情况屡次发生。

厂长和物流中心负责人召开会议讨论，提出了"为了能够更快地准确分拣物品，导入自动分拣机"这样一种"最优方案"。

但是，生产部长觉得并不是这样，他怀疑事故的原因是否仅仅是分拣物品不及时。生产部长认为应该进一步调查真实的原因，并且觉得要探讨一下多种解决方案才更好。于是，这家企业请来了丰田生产方式顾问调查真正的原因。

顾问将工厂和物流中心的现状仔细地调查了一遍，将事故的原因分几点总结，写成了书面报告：比如说从超市来的订单信息中关于交货时间的要求并没有被传达到工厂，这样的话，当然会造成事故多发。

同时，顾问提出了几种改善方案，并将这些改善方案落地实施，此后情况迅速好转。不过值得思考的是，在改善方案当中并没有"导入自动分拣机"这一项。

厂长和物流中心负责人虽然给出了"最优方案"的结论，但是如果省略了"追究真相""提出多个方案""比较和分析"三个步骤,就不能说这是最优方案。假设当时导入了自动分拣机,可能也只是暂时解决问题而已。

丰田因此成为世界第一

在改革中,如果不能够集中大家的智慧,就不能够说是最好的,或者说是结论。无论想出怎样优秀的解决方案,我们也要思考是否有其他更好的方案,然后进行比较和分析。虽然要花费一些时间,但是只有经过这些步骤,我们才能找到真正的最优方案。

要想让自己的提案被采纳，必须多准备一些备选方案

追求真正的解决问题的丰田生产方式三步骤

STEP① **追究真正的原因** → STEP② **提出多种方案** → STEP③ **进行比较和分析**

丰田的独到之处

对多种方案进行比较和分析之后选出最佳方案

23

很难向人说明自己的想法？
想到的事情先自己试着做一做

停止的生产改革再次启动的理由

有时候，我们很难用语言和图表说明提案或者想法的效果。这个时候，付诸实践的尝试和"做一做，试一试"的积极性就非常重要。

一家生产企业将丰田生产方式作为基础实施生产改革。但是改善项目提出来之后，被很多来自现场的基层管理者反对，他们觉得"即使做了也是没用的"。

改革一时无法推进。这个时候，项目组决定成立"立即执行小组"。如果改善涉及面越大阻力就越大，那么从小的改善活动开始，效果更好。不花费金钱，能够简单地操作的话，反对意见就非常少。"立即执行小组"在听到哪里有问题、哪里需要改善一下等之后就立即行动，将改善落地实施。

这样做之后，现场的反应非常好。虽然在会议的讨论中还存在

"是否要做"的声音，但也出现了"这样做了越来越好""如何做会更好"等具体的、积极的声音。

后来，项目组要求夜间当班的负责人在巡视工厂时，把当日所见所闻的问题写在巡视日志中，"立即执行小组"会在第二天立刻进行改善。

虽然说指出其他部门的问题有时会被人觉得是找碴儿，所以之前的日志都是些不得罪人的内容，但是如果将指出的问题立即解决的话，就不会被当成是找碴儿了。日志的内容也能够有针对性地反映问题。

这样的"立即改善"日积月累，让现场的基层管理者觉得"'改善'看起来也是好事情"，于是生产改革开始高速地向前推进。

如果有好的想法就试着去做

有一位在娱乐界非常成功的制作人，在年轻的时候也有过提出的策划方案被全盘否定的经历。

那段时期的某天，这位制作人和他的前辈在一起喝酒的时候，制作人说："我这次真的想放弃了。"但前辈给他提出建议："因为你的想法特别有趣，所以最好试着做一次。"

于是，制作人和几个朋友进行实际表演和拍摄，在开会时让大家看一看。虽然他们的演技很拙劣，但是全体人员笑得前仰后合，于是大家一致决定可以去做。由此，这位制作人踏上了成功之路。

　　将自己的想法传递给别人是特别难的。如果语言沟通不了，那么我们就应该试着做一次。这样做能够让对方迅速做出判断。同时，哪里好、哪里需要改，自己也能够看到。

　　仅仅通过讨论等沟通方式无法传达想法的时候也不要退却。"如果有想法试着去做"，这才是丰田生产方式。

✏ 丰田因此成为世界第一

　　如果发现问题就立即改善，有想法就立即去试一试。仔细思考也是需要的，但有些时候立即采取行动会更好。实践之后，方案能够被看见，大家能够判断，自己也能够成长。

想到好的创意就立即开始行动

丰田的独到之处

深思熟虑固然重要，但有时候具体演示更容易让人理解

24

去过现场了吗？
只有去了现场才能想出好方法

既然是为了减少浪费，那么就不要制作无用的资料

思考改革方案或者解决方案的时候，你是否存在倾向于仅仅使用电脑数据的习惯？其实最重要的是"去生产现场"。人们虽然知道这个道理，但是由于每天工作忙碌，不去现场的人也不少。如果我们忘记去生产现场的话，有可能就失去了最重要的东西。

丰田改善小组邀请大野耐一先生出席改善案例发布会的时候，被大野先生斥责了一顿。

"明明是为了减少浪费才开展改善活动，为什么要制作资料、召开那样的发布会造成浪费？"

让各个岗位制作发布会的相关资料本身就是浪费。大野先生说："那些事情要做的话去现场就好了，在现场就什么都明白了。"

如果去现场，我们就能够立刻知道哪里好哪里不好，也能够发现问题。特意制作书面报告或者资料是没有必要的，用准备发布会的时间去生产现场发现问题、解决问题，才是合理利用时间。

无论改善有什么样的效果，只要去现场就能够一下子明白。花费时间开发布会，就是挤占去现场的时间和在现场改善的时间。这是愚蠢的做法，是本末倒置的做法，这就是大野先生发怒的理由。

现场是无法带回家的

一家企业为了导入丰田生产方式，特意邀请了年轻的丰田员工O。O最初在办公室听来自现场的报告，然后写成书面报告提交给在丰田的上司，但是生产改革并没有顺利进行。

O和在丰田的上司讨论为什么会这样的时候，上司指出"虽然资料可以带回家，但是现场是无法带回家的"。

从那以后，O几乎不会待在办公室，而是到现场，和现场的人一起实施改善活动。这家企业的员工看到O的态度，也逐渐和O打成一片。生产改革终于进入了正轨，O完成了目标，回到了丰田。

随着信息化逐渐深入，虽然表面上看起来现在制作资料和会议的时间比起以前缩短了，但是实际上却是相反的。员工面对电脑的时间大大增加，很多人感叹自己被剥夺了去现场的时间，而且因为报告和会议，去现场的时间几乎没有了，人们发着这样的牢骚，改善和改革也无法取得进展。

我们要先去看无法带回家的现场。虽然现在需要防止泄露的商业机密很多，但是要将在现场收集的情报装到脑袋里，锻炼无论何时何地都能探讨问题、提出解决方案的能力。

✎ 丰田因此成为世界第一

虽然我们要注重分析数据、制作资料的工作，但是仅仅这样就能够把工作做好吗？问题意识也好，改善方案也好，新的想法也好，如果去生产现场的话，就会自然而然地产生。无论什么时代，工作的"原点"是现场，只有现场才是我们最应该重视的地方。

答案都在现场

大野耐一先生对举办改善案例发布会火冒三丈的理由

 改善的结果去现场就能一目了然

丰田的独到之处

工作的"原点"是现场，只有现场才是我们最应该重视的地方

25

不要拘泥于规则，
要将错误的规则一点点改变

规则不是被决定的东西，而是自己决定的东西

丰田生产方式的特点之一是将被决定的事情转变成自己决定的事情。

比如在工厂，决定操作顺序的是"标准流程"，员工先被要求按照标准进行操作。但是，随着工作推进，如果有人觉得"这样改善会更好"，那么他提出的改善方案就可以改变标准流程的内容。

也就是说，在丰田生产方式中，不用始终遵守标准流程，要拿出自己的智慧，用自主的工作方式遵守自己决定的标准流程。

不仅仅是标准流程，工作的全部内容都是一方面要遵守规则，另一方面要改变规则。在丰田，这种做法是被认可的。

错误的规则必须改变

为了帮助亏损企业改善经营状况而就任总经理的P，在以丰田生产方式进行生产改革的时候，感受到了这家企业必须改变的陈旧规则。

比如，有员工统一休息时间的规定，但由于卫生间数量不足，员工在休息时间等待卫生间的现象并不少见。还有，在涂装工序中工作的员工，可替换的工作服很少，所以在涂装过程中，衣服脏了之后就特别显眼，非常影响工厂达到5S[①]的要求。

P对管理者提出了改善提案：在不影响制造、生产的情况下，错开员工的休息时间，增加员工的工作服数量方便员工替换。但是这家企业的其他管理者坚持声称："因为这是已经确定了的规则，所以无法改变。"

这样的事情在这家企业出现了好几次。然而，这只是这家企业的规定，又不是国家的法律，如果不符合实际情况，难道不应该改变吗？但是，管理者不愿意冒险，始终以"规定"作为借口墨守成规。P终于发现了这家企业业绩低迷的原因。

遵守规则确实是非常重要的，但是如果规则错了就必须改正，这是丰田生产方式的原则。在丰田，如果不改变标准流程，没过几个

---

① 5S是指整理、整顿、清扫、清洁和素养。

月，员工就会被问责为什么没有做改善。因此在丰田，改变是理所应当的。

P劝说固执、不想改变的管理者和员工要毫不犹豫地改变规则。如果有想变化的决心，就能够发现问题、思考问题。这样日积月累，就有可能产生优秀的想法，也会创造一个轻松工作的环境。

终于，这家企业将"改善"当成日常事务。每个月几百件的改善提案能够落到实处，这家企业的业绩随之好转。

✎ 丰田因此成为世界第一

在组织中会有陈旧的常识和脱离时代的规则。当我们产生"到底是为了什么"的疑问或者感到工作的不便时，我们不要仅仅将思考停留在"这一切都是由于规则"的层面而不了了之。不合理的规则、无效率的工作方法必须改变。毫不犹豫地进行改变的态度是非常重要的。

规则不是一成不变的，应该适当进行修改

为了让亏损企业重获新生而就任总经理的P

| 丰田生产方式 | = | 错误的规则必须改正 |

改善取得了成效，业绩也提高了

丰田的独到之处

不符合实际情况的规则与过时的习惯都应该改正

26

不要拘泥于信息和已有知识，有时要抛开这些，直面事实

将一切看成一张白纸

"将一切看成一张白纸"是大野耐一对年轻的丰田员工经常说的一句话。

但在现实中这样做是比较困难的。比如即使我们看到了生产现场的状况，也容易因为先入为主的印象，在无意中忽略一些事情，按照自己的思考方式理解来自现场的信息。最终不能从事实当中寻找答案，而是自己擅自做了决定。

我们应该看到事实，然后试着从事实中找到答案。

当年轻的丰田员工Q正要结束生产现场的改善活动时，大野耐一先生来了。当他向大野先生汇报之后，大野先生只是看着生产现场沉默很久，然后对Q说："在这里画一个圆圈，然后站在中间看看。"大野先生说完就离开了生产现场。到底要看什么？为什么要站在这里？Q

完全没有头绪，于是用粉笔画了个圆圈站着看。

当天傍晚，大野先生来问他是否明白了，Q说没有明白。于是，大野先生让Q明天继续站在圆圈中看现场，然后就走了。

第二天，Q再次站在圆圈中，在生产现场站着看，但还是没有头绪。吃完午饭休息之后，Q下午继续站着，大野先生来了之后问他是否明白了。虽然Q还是不明白，但他暂且回答说明白了，于是大野先生说那么请立即改正吧，然后就走了。

Q终于明白了大野先生的意图。

在开展改善活动的过程中，Q陷入了自我满足之中，但是，仔细地看了生产现场之后，工厂的工人操作确实是不顺畅的。因此，Q给出的改善指示是不合理的，"改善"给现场的工人带来了很大不便，降低了现场生产的工作效率。

Q立刻再次改善，将改善结果报告给了大野先生。

丰田生产方式的"三看"

按照丰田生产方式的要求，"看"现场有三个层次：

以看到的"看"，看生产现场是什么都看不到的；以观察的"看"，看生产现场能够看到现状；以分析的"看"，看生产现场才能够看到一些需要改变的问题点。

大野先生如果对部下的报告或者供应商的说明不满意，就会在生产现场站上十几分钟，用自己的眼睛确认。这是大野先生经常做的事。为了教员工学会观察和分析，他也经常让年轻的丰田员工站在圆圈里看现场。

即使在今天，这也是丰田人的习惯。

有位丰田海外业务的负责人在国外出差的时候，会站在那个国家的城市一角，一直盯着有多少丰田汽车驶过，他要用自己的眼睛确认提交的数据或者书面报告是否符合实际情况。

> ✎ **丰田因此成为世界第一**
>
> 了解间接的信息和知识是必要的，但是有时我们也会因此拥有先入为主的观点或者对某些事情深信不疑，反而看不见现实。暂时抛弃固有的信息和知识，什么都不要想，从零开始思考是很重要的。我们只有看清现实原本的模样，才能使改革向正确的方向发展。

准确把握事实的技巧

"改善之神"大野耐一先生的谜题

画一个圆圈，站在里面仔细看。

你明白了吗？

不明白。

那明天继续站在这里看。

明白了吗？

那赶紧改正吧。

明白了！

丰田生产方式的三个"看"的层次

看到	……什么也"看不见"
观察	……对现状进行"观察"
分析	……对应该改善的问题点进行"分析"

丰田的独到之处

对信息和知识不能囫囵吞枣，要准确地把握事实

27

不要将事情终结在"听说"这个层面，要刨根问底直到看清事情的本质

"听"与"看"都有三个层次

丰田生产方式中的"看"有看到、观察、分析三个层次，同时"听"也有三个层次：耳听的"听"、倾听的"听"和询问的"听"。

丰田员工R在访问供应商、帮助供应商进行生产改革时，一边巡视工厂，一边问生产线负责人以及现场的员工有没有什么问题，每个人都说没有问题，一切都很正常。

其实在R眼中，现场存在很多问题。但因为现场的员工将看惯了的现状当作自然而然的事情，所以他们是看不到问题的。

然后，当R再次询问现场的负责人有什么问题，大家有什么问题的时候，有人开始提出两三个问题。这是耳听的"听"。

当R把自己看到的问题具体地指出来问"有没有这样的问题"时，现场的员工反馈了很多问题。像这样在具体的引导下发现问题，

这是倾听的"听"。

当R详细地询问，如果要生产更优质的产品现场存在什么问题、如果要生产更加便宜的产品现场存在什么问题时，现场的员工发现问题超过100个。像这样详细、深入地询问，才能够发现深层次问题。这是询问的"听"。

这样的一问一答之后，R说明了听的三个层次和看的三个层次，于是供应商的改革从此以后开始慢慢推进。

保有自己的提问方式

这件事说明了丰田生产方式中使用了很严密的语言。

比如，如果生产线出了事故，并不是说"它停止了"，而是说为了解决导致事故的真正原因，必须"让它停止"。

另外，产品不是依靠机器制造的，而是必须在生产过程中加入人的智慧。

尤其是现场的责任人，不允许没有问题意识地"看"或者漠然地"听"。这样是无法进行改善和改革的。

我们要保持问题意识去观察现场，并且需要用"为什么要用这样的方法""还有没有更好的方法"等具体的提问步步引导，激发员工思考，然后得到答案。

丰田因此成为世界第一

我们经常说"要看现场""要听现场员工的反馈"。但是，我们处在什么水平"看"，用什么姿态"听"，结果是非常不同的，引导出来的答案也会完全不一样。区分使用三个层次的"听"和三个层次的"看"是非常必要的。

改变"听"的方法，发现真正的问题

更进一步

丰田生产方式的三个"听"的层次

耳听	……漠然地"听"
倾听	……具体地"听"
询问	……详细地"听"

丰田的独到之处

带着问题意识"听"和"看"，能够改变工作的结果

28

不要成为仅仅能指出问题的人，
要成为能解决问题的人

提案不要只停留在开始阶段

提出问题，指出如果不那么做的话会怎样是非常重要的。但是，这仅仅是改善或者改革的前期阶段而已。最重要的事情是提出具体的方案，指明如果这样改的话会带来什么好处，从而解决实际的问题。

在丰田生产方式中，仅仅指出问题的人被称为"诊断师"，实际解决问题的人被称为"治疗师"。

很多人都是"诊断师"。因为或多或少还是有些拥有制造行业工作经验的人，或者有一些知识储备的人，会在现场看到一些问题然后提出来，这并不是很难的事情。

但是，看到问题立刻提出改善方案并付诸实际行动的"治疗师"却少之又少。在生产现场使实际操作的工人们都心服口服是非常困难的。

我们不要做仅仅能够指出问题的"诊断师"，而要做解决实际问题的"治疗师"。

仅仅以高姿态发号施令是无法让人们工作的

卡罗拉的销量曾经爆炸式增长，这使丰田工厂产量必须从一个月8 000辆增产到15 000辆。这是痛并快乐的消息。

但是，在别的工厂中的铸件的生产无法跟上进度，所以无法达到预计生产数量。

年轻的S根据大野耐一先生的指示前往铸件工厂，发现铸件工厂并没有运用丰田生产方式进行制造，因此不具备配合增产请求的能力。

S看到了铸件工厂的问题点，向大野先生汇报铸件工厂不能增产的情况。大野先生对S说："如果是这样的话，那你去铸件工厂做改善试试看吧。"

大野先生的思考方式是"丰田的员工不能是'诊断师'，必须成为'治疗师'"。

S在结束了丰田的工作之后，傍晚来到了铸件工厂开展改善活动。当时的铸件工厂很多工人都有多年工作经验，都是自满的态度，几乎不听S说的话。即使这样S也没有放弃，到了半夜还在现场开展改善活动。他反复说，反复地指出问题，再次改善。

　　如果S觉得"我是从丰田来的人，工厂的人对我提出的事情理所应当要执行"，仅仅通过发号施令指挥，那么无论是谁都不可能认真听。只有一起开动脑筋，一起制造了产品，才能使改革获得成功。

✎ 丰田因此成为世界第一

　　"诊断"会让人拥有"批评家""评论家"的气质。对于职场来说，我们不需要批评家。只有将实际问题解决了才是真正重要的。只有将这些解决方案落地了，才是真正的改善、改革。

不要做批评家和评论家，要做实践家

指出问题的人，
只提出建议的人 = 诊断师

一起发挥智慧解决
问题的人 = 治疗师

> 这样做是不行的，
> 必须采取一些措施。

> 这地方应该这样做。
> 你看，弄好了！

解决铸造工厂增产问题的S

> 必须赶紧去
> 铸造工厂了。

> 你去解决
> 这个问题。

> 这样做如何？

> 你的提议
> 很好。

> 我们试一试。

"治疗师"S通过不断改善，终于成功实现了增产的目标

丰田的独到之处

不要光说不练，要通过行动来改变现场

29

不要中途放弃已经开始做的事情，如果认为自己是正确的，那就坚持到底

改善要持续做直到形成企业文化为止

"开始做"和"持续做"哪一个最重要？这是自古以来人们都面临的难题。但是在改革中，如果觉得自己做的是对的，那就要坚持做到最后。

一家公司以丰田生产方式为基础进行生产改革，在显现成果之初，一位员工在随身携带的一个相当破旧的小本子上记下"已经取得非常显著的成果了"。笔者见了标题——"导入丰田生产方式"之后吃了一惊，原来这家企业在十几年前就曾经导入过丰田生产方式。

看见笔记本的上了年纪的厂长这样说："这么说起来，我年轻的时候，因为大势所趋，所以工厂导入了丰田生产方式。我在学习班听课，进行改善，当时大家的热情相当高。但是我们的企业是什么流行就立刻接受，有半途而废的恶习。学习丰田生产方式也是，虽然是全

力以赴地学习，但确实是暂时的，后来谁也不提了。"

这种改革半途而废的倾向，不限于这家公司。

以丰田生产方式为基础进行改善而取得巨大成果的一家生产厂，每个月都有超过1 000人来学习访问。他们和改革推进小组交流，参观工厂，自信满满地要将这些改善经验应用到自己的企业当中。但是，实际应用的企业和其他各类组织的数量并不多，而能坚持到底的企业就少之又少了。

坚持是改善中最重要的一部分

丰田生产方式的"改善"并不是很难的理论，但是实际上，开始改善是很难的，坚持改善下去就更难了。

为什么呢？因为开始改善之后，目之所及的浪费渐渐减少，看到各项指标都提高了。这些反过来也成为障碍，人们往往满足于已有的成果，就会放缓改善的脚步。

丰田生产方式真正的成果，是必须为了将目之所及的浪费清除而持续地改善，然后提出更高的目标，更加努力改善，只有这样才是真正的"改善"。如果满足于某个水平或者目标，然后放松下来，是很难将改善坚持到底的。

丰田生产方式"改善"的源头，是福特汽车的"福特生产方式"。丰田在第二次世界大战后没多久就引入了这种生产方式，从那以后的七十多年一直在持续实践着，而这种生产方式的发明者福特汽车却已经不再坚持使用了。

如果自己觉得对就要坚持。"改善要持续地做，直到在企业里成为企业的文化。"这才是丰田生产方式。

> ### ✎ 丰田因此成为世界第一
>
> 我们周围有很多优秀的理论或者系统，新的东西在不断产生。企业对此保持关注和适当吸收并不是坏事情。但是，最重要的是在导入之后坚持去做，直到其成为企业文化。

正因为不是什么困难的理论，所以"坚持不懈"才最重要

笔者为某工厂做管理顾问时的故事

> 过去我们很认真地搞过呢。

丰田生产方式

很多企业虽然导入了

丰田生产方式但没有坚持下来

改善开始后

表面上的无用功减少了，各项指标都获得了提高

认为"取得了效果"而感到满足，放缓了改善的脚步

要想取得丰田生产方式真正的效果

必须坚持改善，将隐藏在表面之下的无用功也彻底消除

为了更高的目标坚持改善，不能放慢脚步

丰田的独到之处

要想取得真正的成果就必须坚持不懈

30

要居安思危，景气的时候才要积累
每一个"小改善"

合理化改善要在景气的时候做

改变是需要勇气的，特别是业绩好或者景气的时候。因为会被"好的时候没必要改变"这样的论调反对，所以在业绩好的时候改革是很难的。结果，很多时候，很多企业等到了业绩恶化或者经济萧条之后才终于意识到这样下去是不行的，然后才开始进行改革。

与之相对，无论情况好坏，坚持进行改善和改革，这才是丰田生产方式。

大野耐一先生将这类踏实的做法称为"基础工程"并非常重视。在景气的时候要努力去做"基础工程"，这是最重要的。真正的合理化改革，不在景气的时候做才是错失良机。因为景气的时候无论是什么样的做法都能盈利，所以在这个时候更不能对合理化、IE（Industrial Engineering，工业工程）这样的"基础工程"有所懈怠。

　　丰田生产方式广受关注始于1973年的第一次石油危机。许多企业在石油危机中出现亏损，但是丰田实现了持续盈利。在这么困难的情况下丰田能够增长，因此大家一致认为"丰田一定有什么秘密"。就这样，仅仅一部分人知道的丰田生产方式，突然变得特别引人注目。

　　但是，对于大野先生来说，丰田生产方式并不存在什么秘密：在景气的时候进行改善和改革，在不景气的时候"基础工程"就发挥作用了。

如果在萧条的时候才开始改革就太晚了

　　依据丰田生产方式的观点，"困境是产生创意的土壤"，但这也是因为有坚实的"基础工程"做保障。因为在景气的时候累积下足够的"小改善"，所以在萧条的时候才能进行"大改革"。

　　实际上，丰田预见性的"小改善"非常多。

　　比如运输大量物品的叉车，在减产的时候就是一种浪费。作为备用，将运输包装进行"小改善"。用手推车可以运送的箱体作为最小运送单位，将这些箱体用叉车来运输。这样做的话，在减产的时候就可以用手推车运送这些箱体了。

　　这样的准备，要在景气的时候日积月累。

　　相反，景气的时候增加叉车的数量就不好了。减产的时候，无论是制造箱子还是购买手推车都是需要钱的。这部分开支就可能会让企业陷入裁员的困境。这就不是合理化的"改善"。

✎ 丰田因此成为世界第一

　　"改善"要在业绩好或者景气的时候推进，做"基础工程"、培养基础能力，只有这样才能顺利度过业绩不佳或者萧条的时期。改革或者产品升级换代也是这样的。改变的勇气、变化的勇气在景气的时候尤为重要。

业绩差时再采取措施非常困难

在业绩好的时候对运送大量货物的叉车进行改善

业绩好

缩小运送单位 增加叉车

业绩差

能够应对减产 可能出现裁员的情况

丰田的独到之处

在景气的时候更要有"改变的勇气"

为什么"汽车企业的圣地"底特律会衰落？

2013年，美国密歇根州底特律市宣布破产。

说起底特律，它曾经是世界汽车产业的核心城市，是日本汽车制造商憧憬的地方。1961年，丰田总部所在地丰田市与底特律市结成友好城市。

在纪念仪式上，"丰田中兴之祖"石田退三饱含深情地献上了致辞："我们以底特律为目标，不分昼夜地努力追赶，将底特律作为梦想和理想中的城市。今后，感觉这座城市就在身边，能够在各个方面得到底特律的指导，我觉得无比欣喜。"

就是这座城市，花费近四成财政预算支付年金和债务，财政状况不断恶化。最终，底特律市政府的总负债达到180亿美元，底特律的失业率为16.3%。底特律市政府已经无法正常运行下去了。

GM（General Motors Corporation，通用汽车公司）和克莱斯勒两家

美国具有代表性的超大型汽车公司的总部坐落于此，虽然这两家公司也经历过破产危机，但是GM经营状况得到改善，克莱斯勒也恢复了活力。但是为什么底特律不行了？大家充满了这样的疑惑。

企业的利润虽然上升了，但企业的工厂都搬到海外了，这样就会减少当地的就业人口，城市也会失去活力。在经济全球化的今天，这样的由盛转衰的事情并不少见，我不由得再次感到持续繁荣是多么困难的一件事情。

只有企业和地区共同发展，企业存在的意义才会变大

关于盛极必衰这件事，丰田章一郎曾经说过这样的话。

丰田汽车一部分创业资金，是丰田佐吉将发明的自动织布机的专利转让给英国普拉特公司而得来的10万英镑。

以此为契机，丰田章一郎先生在很久之后访问了普拉特公司曾经所在的城市。但是那里看起来很萧条，而且也找不到普拉特公司的足迹了，能够帮助追忆当时情景的只有在公园里立着的普拉特公司创始人的铜像。

丰田章一郎先生感叹丰田市不能像普拉特公司所在的城市一样，为此他感到丰田必须持续成长。

底特律破产也让丰田章一郎先生感慨万千。企业并不是简单地自我成长，丰田要维持日本的总部和生产工厂，保证当地就业。只有国

家和地区共同发展了，公司才能够繁荣。

如果丰田将100万辆汽车的产能转移到国外的话，日本至少会有20万人失业。20万人已经可以匹敌东京市涩谷区或三重县铃鹿市的人口了。

虽然很多人建议丰田尽早将生产工厂转移到海外以获得更大的利润，但是丰田坚持在日本生产。因为丰田考虑到不能为了企业繁荣而使城市或者国家衰落。

这是通用汽车、克莱斯勒和丰田的区别，也是底特律市和丰田市的区别。

虽然以获取利益为主，但企业也应该有其他的发展目标，不能让企业所在的地区像底特律一样衰落。

如果你成长了，
你的团队也将成长

31

不要从"大改善"开始，而要从那些不怎么花费金钱和时间的"小改善"开始做起

"改善"有先后顺序

虽然人们非常清楚改善活动的重要性，但很少有人知道"改善"顺序的重要性。如果突然从"大改善"开始，反而会增加浪费，也有可能导致失败。

T公司的经营者去采用丰田生产方式生产的工厂参观时，产生了这样的疑问："我们的工厂也是全自动化的，为什么生产没有大的变化？区别到底在哪里？"

这位经营者带着疑问咨询了这家工厂的负责人，在咨询的过程中渐渐地明白了答案。

T公司的工厂乍一看确实是不逊于这家工厂的。但是仔细地对比之后发现，T工厂的人们都是简单地运用设备，机器体型大且速度慢，在制品几乎没有减少。

与之相对，按照丰田生产方式的要求，工人使用自动化机器的方法，实际上是经过反复推敲的。

比如在采购新型设备的时候就是这样，丰田不是单纯地更新现有的设备。对设备的操作说到底是由人来进行的，这是需要加入人的智慧的工作。丰田在此基础上采购新型设备，新型设备被充分运用起来了，速度也很快。这样既提高了生产效率，又降低了成本，生产效率当然会有飞跃式的提升。

T公司的工厂缺少这样的过程。在沿袭了原先的浪费的基础之上，新的投资又造成了成本上升。T公司的经营者终于知道了丰田生产方式的"改善"是有先后顺序的。

从身边的小事开始改善

从不怎么花费金钱和时间的事情开始改善，然后逐渐推进大的改善活动，这是改善的顺序。

比如说更新机器的时候，是从改善现有的机器开始的。在此基础上，为了提高生产效率必须替换机器时，再采购新的机器。当然，对新机器也要进行彻底改善，发挥出比说明书上介绍的方法更高的生产效率。

如果没有好好按照这样的顺序进行改善的话，即使购买了很多新型的设备，然后自满地说"这是理想的工厂"，企业也很难赢得竞争。

因为这样的企业没有加入人的智慧，人其实是被机器使用的。如果企业不能培养员工改善的能力，即使新机器刚投入使用时有很高的生产效率，但是随着机器老化，生产效率也会逐渐降低。

通过改善活动，在机器自动化中加入操作机器的人的智慧，培养员工的改善能力，这才是真正的"自働化"。

因此丰田生产方式中有这样一句话："改善是智慧和金钱的总和。"

✐ 丰田因此成为世界第一

从不花费金钱、即使失败也没关系的简单的改善活动开始，慢慢地向大的改善活动推进。从"小改善"到"大改善"，一步一个台阶地前进，才能使组织变强大，培养出优秀人才。

改善最终还是要激发出现场员工的智慧

> 要不要投资
> 新的设备呢？

改善的顺序

① 从消耗财力、物力较少的部分开始

② 逐渐从"小改善"推进到"大改善"

顺序错误的话

> 虽然设备很好，
> 但不能灵活
> 运用。

人类成为设备的奴隶

新投资设备的生产效率下降

丰田生产方式	=	改善是智慧与金钱的总和

丰田的独到之处

改善要从小到大循序渐进

32

不要把"改善"变成自我满足，要明确"改善"是为了谁、为了什么

"改善"是为了顾客而做的

丰田生产方式的"改善"，也就是英文里的"KAIZEN"一词已经成为国际通用语。虽然有很多企业和组织采用丰田生产方式，但是如果忘记最重要的"改善是为了什么而做"的话，好不容易开展的改善活动就是没有用的改善活动，它仅仅是自我满足的改善游戏而已。

知名度非常高的U医院的患者非常多，花两三个小时甚至更长的时间候诊已经是常态了，这是困扰U医院的问题。

院长指示员工要思考改善方案，于是收集到了很多如何使候诊的患者更舒适地度过时间的方案，比如准备各种饮料、提供杂志报纸，甚至连按摩椅都用上了。

U医院下了很大的功夫，患者的评价也很好。但是院长对有些

地方并不满意，于是请了丰田的顾问咨询。"这不算是真正的'改善'。"顾问淡淡地说，"因为这样的'改善'忽略了'为患者着想'这一基本出发点。"

确实，创造舒适的环境能够减少患者等待的痛苦。但是患者真正需要的是"缩短等待的时间"，尽可能地减少候诊的时间。U医院的改善方案忘记了"改善是为了顾客而做的"这样基本的规则。

不能说让患者在候诊时感到舒服是无用的改善。但是如果真正地为了患者着想，U医院应该考虑的是"如何缩短等待的时间"这个真正的需求。

如果U医院能够换一种想法，可以先彻底对医院进行整理和整顿，然后为了减少"找东西的时间""携带不便"等造成长期等待的因素，用患者卡片取代病历。

这样改善的结果可以将患者的候诊时间缩短到1小时以内。

好的"改善"必须明确为了什么

虽然都是"改善"，但是实践的方法有很多。就U医院的例子而言，让患者在候诊时感到舒服，如果算是应急处理的"改善"也是可以的。但是，由于浪费了患者宝贵的时间，从这个意义上看，这就不能说是真正的"改善"。

真正的"改善"是消除患者候诊的痛苦，应对真正的需求。

现在几乎没有不开展改善活动的企业和组织了，但是"改善"的效果却存在很大的差距，这是由企业和组织是否清楚地知道"改善"是为了谁、为了什么决定的。

丰田因此成为世界第一

没有目的的"改善"仅仅是单纯的改善游戏而已，没有真正应对需求的"改善"是无用的"改善"。丰田生产方式的"改善"是明确为了谁而做并且也清楚地知道是为了什么而做的"改善"。

因为目标不清晰导致"改善"失败的例子

因为前来就诊的患者众多导致候诊时间太长的U医院

真正的"改善" ＝ 缩短候诊时间

丰田的独到之处

是否明确"改善"的目的是"改善"成功与否的关键

33

不要想着找别人来做，先自己思考并试着做

成为问题的解决者

丰田生产方式中的"改善"，最重要的事情是拥有"自己去实践"这样的态度。如果缺少这样的态度，即使发现了问题，我们也很难解决问题。

原丰田员工V一边指导着日本国内企业进行生产改革，一边协助为海外工厂导入丰田生产方式，每个月都要出差一次，召开"改善研讨会"进行授课。

虽然V的工作已经持续1年了，但是并没有出现想象中的成果。在海外工厂，V每一次都不得不从"改善"的第一步开始指导。

在日本能够很顺利地进行，为什么在海外就不行呢？为了探究真正的原因，V决定常驻海外进行观察。

于是，他终于明白了一件事情。虽然员工们学习丰田生产方式的

热情都很高，但是当V问那些研讨会上特别积极的员工时，他们都觉得"学习丰田生产方式是很有趣的，自己也提升了。但是，在生产现场能否真正地实践丰田生产方式就是另外一回事了"。

也就是说，海外工厂的员工们觉得丰田生产方式仅仅是他们学习的对象而已，而探究问题然后进行改善就不是他们的工作了。这些都是负责人需要做的事情。

因此，不管V召开多少次研讨会，也不能够在现场进行实际的改善活动。

按照丰田生产方式的要求，每个人"要成为问题的当事人"。最重要的是自己发现问题，并有意识地思考改善方案。

当V了解了在海外工厂工作的很多员工虽然都在学习丰田生产方式，但几乎都没有成为问题的当事人的态度这种情况之后，V减少了在课堂上研讨的时间，采取了以在现场观察问题、思考改善方案以及实际操作为重点的实践操作培训。

经过这样调整之后，不到半年，改善活动就在现场落地了。

不要有"找别人来做"的思想，要先尝试自己做

为了减少浪费，组织中的每个人都要成为问题的当事人。

丰田生产方式中有这样一句话："有了问题而不去思考解决方案，而是想'这是越权的行为'，这是推卸责任。"

在实践丰田生产方式的一家企业中，组装工序中生产了不合格产品，人们调查之后发现是总公司的设计有问题。这样的情况，如果在以前，大家很容易会想"不要说总公司的问题了，我们自己在组装的时候多注意吧"。但是这家企业回归了"更快、更便宜地制造优质的产品"这个丰田生产方式的"原点"。从这个观念出发，这家企业给总公司传达了设计有问题的情况，最终成功地进行了改善。

✎ 丰田因此成为世界第一

如果发现不了问题那是能力不够，但是如果看到问题了却装作若无其事则是更加严重的态度不端正。如果觉得"改善"是"越权行为"而对问题视而不见的话，那仅仅是推卸责任而已。只有每个人都将自己视作问题的当事人，改善才能够向前推进。

发现问题之后，做一个"自己解决问题的人"

在海外工厂召开"改善研讨会"的V

自己发现问题，然后实践改善办法

丰田的独到之处

绝对不能对发现的问题视而不见

34

不要仅仅盯着百分比，有时试着换算成个数、金额

比起比例要思考个数，比起百分比要思考金额

现在是一个人人重视如何运用数据的时代。但是，我们不能忘记，数据面向的是一个个的人、一个个的产品。

年轻的W被大野耐一先生要求跟着大野先生巡视工厂。但是，在巡视的过程中，大野先生只是在生产线旁边停下来一直看，什么都没有说。

在巡视完之后，大野先生问W是否注意到有很多散落在地上的零部件。W并没有注意到这个情况，于是他再一次回到工厂转了一圈，将散在地上的零部件都捡了起来，然后回到了大野先生身边。大野先生问W："如果将这些零部件换算成资金是多少呢？"

如果换算的话，那将是一笔可观的资金。大野先生又说："如果在工厂掉落了相同金额的钱的话，员工都会捡起来吧？但是如果是零

部件就没有人捡了。如果将一个个零部件想成钱的话也绝对不会被浪费了，员工也可能不会再制造出不合格产品了吧。"

W平日里常说"不合格率降低了""不合格率降到了××%"，但是他从没有想过"如果是钱的话是多少""实际的个数是多少"。

制造汽车需要数以万计的零部件，每一个零部件对于公司来说都是成本。生产出不合格产品就浪费了这部分资金。但是，像丰田这样大规模采购零部件，制造数量巨大的成品之后，个数和金额的存在感就非常低。

这件事让W牢记在心。从那以后，W不仅仅思考如何降低不合格产品的百分比，更思考具体的个数和金额。W强烈地意识到了百分比是抽象的，但如果换算成"不合格产品是多少个""多少万日元被浪费了"这样的说法的话，就会让人真实感受到问题和损失。

即使改善了百分比，但没有改善绝对数是不行的

比起百分比，创立了宅急便的大和运输原总经理小仓昌男先生更加重视具体的数字。

某一年的报告提到，与前一年的数据相比，当天未送达率有了大幅下降，小仓昌男对此感到很疑惑。

比如说百分比从10%降低到5%，从数字上看是取得了巨大的进步。但是如果前一年和当年的接单数量都是5 000万件的话，10%是

500万件，5%是250万件，当天未送达的订单确实是减少了。但如果当年的接单数量是1.5亿件，那么5%就是750万件，当天未送达的订单反而增加了。

虽然未送达率确实得到了改善，但是未及时收到货物的客户却增加了250万人次。

这就不算是真正的"改善"，这就是小仓先生的疑惑。

✎ 丰田因此成为世界第一

我们并不能说数据是无用的。数据面向的是具体的产品以及制造它需要的成本和时间，而且我们不能够忘记购买产品的每一位客户。如果在分析数据时加入了这样的思考，那么工作本身就会有很大变化。

将零部件换成资金就会发现浪费

"这些零部件如果折算成资金的话加起来有多少？"

你发现了吗？很多零部件散落在地上。

如果这些都是钱的话，大家都会捡起来的吧？

将残次品的百分比换算成个数和金额

宅急便当天未送达的货物比较

※数据是虚构的

	××年		××年
处理件数	5 000万件	➡	15 000万件
订单当天未送达率	10%	改善 ➡	5%
当天未送达的订单数	500万件	恶化 ➡	750万件

虽然从百分比上看是改善了，但数量增加了

丰田的独到之处

要看到数据背后的实际情况

149

35

不要混淆了目标和方法，做事要先明确目标之后再想方法

过分关注方法而忘记目标是愚蠢的

为了达到某一目标，我们需要选择不同的方法。但是如果我们过于专注方法，不知不觉间就会忘记目标，可能只是满足于实践方法。我们身边往往存在这样的情况。

在丰田生产方式最开始引起人们注意的时候，一家企业的工厂也开始运用"看板管理"。这家企业请大野耐一先生到工厂参观一下。大野先生去了这家企业的工厂之后，发现这家企业的工厂确实立着不输于丰田的非常气派的"看板"。但是这家企业的工厂却存在很多不合格产品和半成品，仓库里库存的成品也已经堆积如山了。

"看板管理"的目标是保证在库品种接近于0。丰田生产方式是一边严格遵守"'看板'上没有的东西是不能取用的"规则，一边保证合适的在库数量。

但是，这个公司仅仅满足于使用"看板管理"，完全忘记了"看板管理"的目标是减少库存。

不要混淆目标和方法

丰田生产方式强调不要混淆目标和方法，混淆目标和方法的情况却经常发生。比如说以信息化为名，给全体员工都配备计算机或者智能手机，但目标却是不明确的，仅仅单纯地增加了不必要的费用。信息过多导致生产现场的混乱，这是一个很好的例子。

在一家食品制造企业负责生产工作的原丰田员工X吃惊地发现，在改革中不能使用"看板管理"。使用"看板管理"对于生产均衡化是很有必要的，但是食品是每天都要卖完的特殊的商品，因此食品制造企业和一般的企业不同。

X放弃了"看板管理"和生产均衡化，以丰田生产方式中的另一个基础即从"前工序"过渡到"后工序"生产的"后工序引导"代替"看板管理"。如果有订单就直接传达给工厂，工厂仅仅生产订单要求的数量，无库存。工厂用需要数量的原材料，在规定的时间内，低成本地生产需要的商品。

一天，大野耐一先生来看这家企业的生产情况，在听X说明了没有用"看板管理"而是用"后工序引导"的原因后，他对X大加赞赏。

"看板管理"仅仅是一种手段、方法，因此，保有最基本的思考方法而采取的符合现场实际情况的做法才是最好的。最重要的事情是更快、更便宜地生产更优质的产品。

丰田生产方式的代名词"看板管理"也仅仅是一种手段而已，并非适用于任何场合。如果我们拘泥于"看板管理"这种不适合所有场合的手段，就可能会与原来的目标越来越远。

✎ 丰田因此成为世界第一

做事情的时候一定要确认好"目标是什么"，并且在着手做事情的时候也要经常思考"方法和目标是否相符"。方法是为了实现目标的手段，绝对不是目标本身。同时，实现一个目标也可以用很多不同的方法。

不要忽略目标，应该灵活运用方法

前往某企业视察"看板管理"的大野先生

忘记了真正的目标，只关注方法的错误案例

如果目标不明确的话，方法就难以发挥真正的效果

丰田的独到之处

经常思考"方法和目标是否相符"

36

不要觉得仅仅依靠努力就能做成任何事情，要想出即使不拼命努力也可以做成事情的制度

时间是动作的影子

制造优质的产品需要什么？

是严格的质检吗？如果这样做，将能够保证顾客买到好的产品。然而，这并不能制造优质的、安全的产品。为了制造优质的、安全的产品，我们需要调整工作的机制。

在丰田生产方式中，如果出现问题，生产线就会立刻停止。这是为了改善问题，保证之后不再发生同样的问题。

虽然停止生产线会造成一时的损失，但是改善问题所花费的时间，是为了能够让优质的产品被更快、更便宜地生产出来。这是丰田生产方式当中所说的"产品质量是在工序中创造的"。

制造优质的产品，仅仅靠激发现场操作工人的热情是没用的。

丰田生产方式很重视这样一个概念：时间是动作的影子。

如果想让跑步运动员跑得更快，教练仅仅给他精神上的鼓励是出不来好成绩的。教练应该指导运动员掌握正确的姿势或在精神层面的调节方法等，这才是最有效的。这样，运动员才能自然而然地跑得更快。

就制造方面来说，要提高产品的质量，就要把生产工艺调整到最好的状态。如果改善管理系统的话，想要的成果自然而然地就能出来，这是丰田生产方式的思考方法。

不要管理人，要管理系统

工作中的实际操作也是这样的。操作迟缓的工人，即使别人掐着秒表说快一点、快一点，工人也无法提速。操作迟缓的原因一定是动作有问题。我们要思考哪里出现问题了、如果想更轻松地操作应该怎么办，带着这些问题调查原因、更新操作流程等。我们要改善那些动作和流程，如果能够将动作改善得更容易操作，那么操作的速度自然也就加快了。

时间是动作的影子，改善了动作，时间就自然而然地缩短了。

在丰田担任新的管理职位的员工对上司说："我从今开始要尽心尽力地工作。"然而上司说："你的工作并不是去拼命，而是思考如何创造让大家不用拼命努力也能够做成事情的制度。"

鼓励员工"加油"有时会与增加劳动强度联系起来。如果在工作成果不尽如人意的时候，只是说"加油"，那就是管理者失职。管理者的职责应该是系统管理和结构调整，实现"不那么拼命也能够很好地完成工作"的目标。

丰田因此成为世界第一

产品质量的高低是由每道工序做得好不好来决定的。时间的快慢与动作是否高效有关系。工作的成果是由制度好坏决定的。取得成果的关键不是"加油"或者精神层面的东西，最重要的是如何建立更好的工作机制和管理系统。

要想生产出好的产品，就必须具备完善的制度

只给跑步运动员在精神上鼓励无法提高速度

生产产品也一样，关键在于对流程进行管理和改善

丰田新任的管理人员

丰田的独到之处

工作的成果是由制度好坏决定的

37

不要让资料变成废纸，要先思考为了什么，然后再做资料

请结束没有用的辛勤工作

关于自己的工作，我们应该问自己为了什么而工作，在工作中自己发挥了什么作用。如果不询问自己的话，辛苦的工作就没有意义了。在丰田生产方式中，这样的工作被称为"无用功"。

丰田员工Y在生产计划科工作，他通过一系列数据，按照机器各自的生产能力计算、制作生产计划。比如照某个效率工作的话，产能是不够的，如果要提高产能的话必须多少人加班，如果选择外包的话情况会有什么变化等。虽然现在都可以用计算机计算，但以前这些数据都是通过手工计算的。

Y的部门员工们都一直对自己的工作感到很自豪。如果他们计算错误就会导致生产计划出现巨大混乱，出现无法按计划生产的困难局面。

推翻Y他们自以为是的心态的是当时在总厂担任厂长的大野耐一先生。大野先生没有看Y提出的数据报告，也没有对他们说"辛苦了"，而是说："如果有计算这样的数据的时间，你们还不如到现场看看。"同时大野先生对他们提出了疑问："你们为什么拿过去的效率判断未来的生产计划呢？"

注意"我们的操作是为了减少操作的浪费"

Y他们很吃惊，还担心如果生产部门不重视他们的数据，不管怎样都会让工厂陷入混乱之中。

但现实恰恰相反。在大野先生推动的"改善"下，产量上升，生产效率比过去的标准提高了。Y部门的工作简直就没有意义了。正如大野先生所说的那样，如果有时间去细致地计算，不如去现场帮助开展改善活动。

"写的资料不能成为废纸。"这是大野先生的话。

虽然Y所在的部门在如实地计算，提出了严谨的书面材料，但是他们计算的依据只是过去的数据。

改善不是让过去的情况线性延伸到未来，而是要开创跳跃式发展的未来。如果未来变化了，那么依照过去的数据总结在纸上的内容就是空谈，资料就成了没有任何作用的废纸。

最后，Y所在的部门被并入推进改善的团队。

　　同样的事情偶尔也会发生。为了减少浪费，负责推进质量控制管理活动的部门花费太多时间在制作无用的资料的工作上。大野先生斥责他们："你们的工作是为了减少浪费，可你们偏偏制作无用的资料，你们到底在做什么？"

✎ 丰田因此成为世界第一

　　工作只有具体到为了谁、为什么而做才是有意义的。如果一点作用都没有，工作就是没有意义的。这和制作的资料变成了废纸是同样的道理。我们不能缺少的一种态度，就是时常问问自己：我们的工作是为了谁而做、为了什么而做。

消除无用功的活动反而成为无用功

制定生产计划后拿给大野先生看的Y等人

正如大野先生所言，以前的数据已经毫无意义了

丰田的独到之处

经常思考资料存在的意义

38

不要把报告写五六页，
要把报告总结在一页纸上

制作用一页纸概括重点的资料

制作资料环节体现了创作者能力的差别。总结能力强的人不是将文字或者数据简单地堆砌形成厚厚的材料，而是用极少的篇幅就能抓住重点。

听说有一次，苹果公司的创始人乔布斯将IBM（国际商用机器公司）提供的超过100页纸的合同扔到了垃圾箱里，并直言不讳地说："如果想谈合同就必须将内容总结到几页纸上。"确实，如果厚重的资料摆在眼前的话，我们都只想说："请把这些资料概括地总结一下吧。"

1982年，丰田汽车工业公司和丰田汽车销售公司合并，现在的丰田汽车集团诞生了。虽然两家公司同属于丰田，但是企业文化有着微妙的区别。正是因为丰田汽车工业公司是一家制造企业，所以更加在意减少浪费。因为丰田汽车销售公司是商贸企业，所以在经费管理方面比较粗放。

在这样的商贸企业成长起来的丰田员工有一次去总务部领取办公用纸。在被问到需要多少时，这位员工举了两根手指，意思是要两包。结果总务部人员给了这位员工两页纸，这位员工大吃一惊，想着总务部人员怎么这么小气。然而，我们应该理解，按页数而非按包数是丰田生产方式的基本原则。为了能够写出提炼真正重要的内容、无论是谁都能看懂的报告，如果只用一页纸就可以说清楚重点内容的话，那才是真本事。

精简的资料可以激发自身智慧

丰田生产方式中有个不成文的规定，那就是报告要简练地总结在一页纸上。有不少看起来厚重的资料，虽然信息非常完备，但没有意义的数据和不必要的文章也特别醒目。看报告的人辛辛苦苦地读了资料也抓不住重点，很容易浪费时间和纸张。

与此相对，总结精练的资料写出的都是重点，即使在非常忙的情况下快速阅读，看报告的人也能够立刻做出决定，减少了做出决定的时间。

精练的资料还能够锻炼创作者自身的思考能力和表达能力。将要点清晰易懂地总结，要依靠自己去调查、去思考，然后用自己的语言表达出来。

比如对于一个问题来说，要将对现状的表述，对问题原因的调查结论，问题的改善方案、实施计划以及方案的效果论证等清晰易懂地总结在一页纸上，还要有逻辑性，是非常难的。对于现状的表述和原因的调查结论还要求是在现场调查的基础上完成的。

将这些内容整理、总结、制成资料，本身也是对自己工作的一种改善活动。

🖊 丰田因此成为世界第一

如果仅仅要获取信息，我们可以上网查找，如果要写文章，我们可以复制、粘贴。但是如果想要传达真正有用的信息的话，我们就要用自己的力量、自己的头脑和语言。强制自己用一页纸制作总结报告也是为了培养自己的能力。

资料展现的是制作者的能力

丰田汽车销售公司的员工申请报告用纸的时候……

丰田不成文的规定：资料总结在一页纸上

制作丰田生产方式报告的关键点

①准确表述现状

②明确问题的真正原因

③提出改善办法

④制定改善办法的实施计划

⑤拥有对计划实施效果验证的方法

丰田的独到之处

要想制作出让人耳目一新的资料，先要锻炼自身的思考能力和表达能力

39

不要想着"脏了以后再清理就好了"，要创造一个即使想弄脏都弄不脏的现场

建立一个想弄脏都弄不脏的现场

丰田生产方式中有如果发生问题就立即停止生产线的要求。停止生产线之后仔细调查，找到问题产生的真实原因。之后为了不再产生同样的问题进行改善活动，日日积累，日日改善，最终达到创造想停止也停止不了的生产线的理想状态。

5S也是这样。

在5S中，"整理"和"整顿"尤为关键，是所有生产现场中都应该彻底遵守的规则。在一般的情况下，完成整理和整顿之后，现场会保持一段时间的整洁状态，但很容易在不久后又回到原来的状态，然后需要再一次进行整理和整顿。我们的职场是不是也是这样？

我们不能让5S变成一年中时常进行的"运动"。丰田生产方式所说的5S也要调查真正的原因，不让问题第二次发生。

消除问题产生的真正原因是为了彻底消除潜在问题

一家子公司申请制造总公司的电子产品，结果总公司判断其"脏乱的工厂无法满足电子产品生产的需要"而驳回申请。于是，子公司的总经理一方面按照丰田生产方式的要求推进生产改革，另一方面也强力推进工厂的5S改革。

首先，进行整理，扔掉不需要的东西，然后进行整顿，让每个人都清楚地知道什么东西在什么地方。

其次，为了维持整理和整顿的状态又进行了清扫。将工厂的机床和墙壁按照A2纸大小的尺寸进行划分，从厂长到员工全部出动，进行彻底清扫，甚至将机床擦得锃亮，并且每天下午3点抽出工作时间中的15分钟，停止生产线，实施"清洁工程"。

这样彻底清洁使工厂环境完全符合标准。这家子公司不仅得到了总公司电子产品的生产许可，还得到了其他公司电子产品的生产订单。

但这家子公司总经理不满足于此，他还追求着符合5S要求的整洁环境，创立只要发现脏乱就立即清洁的制度，同时消除真正的潜在问题，调查脏乱原因，以"建立想弄脏都弄不脏的现场"为目标。为此，这家子公司改善了涂装工艺使用的机器，同时也想到了停止使用交付产品时的污染源头——过度包装。

如果从机器中飞溅涂料，即使再怎么清洁也会再次弄脏。因此，如果将机器改善，防止涂料飞溅，现场就能够不变脏。买的零部件如果包装过度，纸、绳子和包装袋就有可能被随意丢弃，而这些废弃物也是需要花钱买的。因此，停止过度包装，启用可以反复使用的箱子和包装盒，废弃包装物就会减少，甚至接近于零。

✐ 丰田因此成为世界第一

丰田的目标是改善一个个问题和消除一个个浪费，建立一个想停止也停止不了的生产线，一个想脏乱也脏乱不起来的现场。消除导致问题的真正原因的改善活动能够让工作的质量和职场环境都有质的飞跃和提高。

如何避免出现"刚收拾好又乱糟糟"的情况

丰田生产方式	=	建立"想停止也停不下来的生产线"

5S	=	SEIRI 整理 SEITON 整顿 SEISOU 清扫 SEIKETSU 清洁 SHITSUKE 素养

被总公司取消了电子产品订单的工厂

大扫除时间!

下午3点

坚决执行5S

① 对设备进行改善，防止涂料飞溅

② 避免过度包装，用能够重复使用的外包装

⬇

生产现场变得十分干净整洁

丰田的独到之处

解决导致问题的真正原因，职场环境就会出现飞跃性的变化

40

不要仅仅满足于学习，要努力将学到的东西运用起来，不能懈怠

与"是否知道"相比，更重要的是"是否实践"

很多职场人士一年中会参加几次研讨会，或者有机会参加学习班或主题演讲。我们是以什么态度参加这些会议的呢？日本赞美达人协会主席西村贵好先生提出这样的看法：要保持"听演讲不是'听懂'或者'知道'，而是'能否做'或者'是否做'"的态度。

如果拥有某种程度的知识和见闻，我们容易对别人说的话不自觉地觉得"知道这件事"或者"以前听说过"。但如果我们从自己有没有做过、能不能做的角度去听，就会为了给我们实践找到想法而仔细地听，也能够培养我们思考"如果是我的话该怎么做"的实践思考能力。如果我们这么做了，那么我们从听到的内容里得到的就是完全不一样的信息。

不认可没有结合实际工作的报告

为了改善某亏损企业的经营状况而出任总经理的Z，对走下坡路的企业，并没有使用常用的"削减经费"的表述，而使用了比较容易让人接受的"经费改善"。经费包括没用的经费和必须削减的经费。主导丰田生产方式改革的Z并不是单纯地削减经费，而是思考如何提高经费的使用效率。

从这个观点出发，Z在拟削减经费的项目中将"研讨经费"一项画掉，支持员工一定要参加"必要的研讨会或演讲、讨论会"。Z觉得比起珍惜小部分资金，更应该确保员工成长性的预算。但是，参加研讨会唯一的附加条件是"不认可没有结合实际工作的报告"。

参加研讨会的员工在第二天要向上司做报告。Z不允许报告里有"受益匪浅""可以运用到工作中"等这些抽象的内容，要求报告内容必须是"印象最深刻的是什么，什么知识能够运用到自己的工作中"的思考，并且要求在两到三个月之后，必须有书面报告，汇报之前报告中提到的内容实践的效果。

我们参加研讨会最直接的感受往往是学到了知识，但是很少能够应用到实际工作中。Z觉得最重要的是员工学到的知识能够与自己的职场和工作相关，在实践中能够应用。

知识和实践之间有很大差距，最重要的是将学到的知识应用到实践当中。

　　两年后，Z的公司因为生产改革，成功地扭亏为盈，取得了令人瞩目的成果，也有很多公司前来参观学习。但是Z的办公桌上再也没有"受益匪浅"的报告了。

✎ 丰田因此成为世界第一

　　学习成功事例的人很多，但是现实当中很难将"学"与"做"很好地结合在一起。我们应该思考如何将所学到的知识与自己的实际工作相结合，并将其应用到实践中。我们不能让好不容易学到的知识无法发挥实际作用。

将在学习会和研讨会上获得的经验进行实践

在亏损企业进行"经费改善"的Z

"知道"和"实践"之间存在着巨大的差别

丰田的独到之处

不管学到了多少东西，关键都在于实践

后记

　　本书中引用的大野耐一先生的话和故事，都出自笔者在丰田工作期间记下的笔记，以及在卡尔曼股份有限公司任职的前丰田员工在丰田工作时的见闻。为了使内容更加准确，笔者还参考了大野先生的著作《丰田生产方式》（钻石社）、《大野耐一的现场经营》（日本能率协会管理中心），以及《工厂管理》杂志1990年8月号（日刊工业新闻社）等。

　　本书除了通过报纸和杂志的相关文章获取灵感与信息之外，还从下列书籍中得到了宝贵的经验，特此表示感谢。

《决断——我的履历书》（丰田英二 著　日经商务人文库）

《自己的城堡自己来守护》（石田退三 著　讲谈社）

《丰田系统的原点》（下川浩一 藤本隆宏 编著　文真堂）

《开创丰田生产方式的人——大野耐一的战斗》（野口恒 著 TBS-不列颠百科全书出版社）

《丰田经营系统的研究》（日野三十四 著 钻石社）

《丰田的方式》（片山修 著 小学馆文库）

《谁都不知道的丰田》（片山修 著 幻冬舍）

《丰田如何制造出"最强的汽车"》（片山修 著 小学馆文库）

《丰田之家》（佐藤正明 著 文艺春秋）

《丰田英二语录》（丰田英二研究会 编 小学馆文库）

《奥田主义改变丰田》（日本经济新闻社 编 日经商务人文库）

《人间发现——我的经营哲学》（日本经济新闻社 编 日经商务人文库）

《我的履历书——经济人15》（日本经济新闻社 编 日本经济新闻社出版局）

《丰田式工作的教科书》（当代社编辑部 编 当代社）

《时刻走在时代的前列——丰田经营语录》（PHP研究所 编 PHP研究所）

《丰田的世界》（中日新闻社经济部 编 中日新闻社）

《丰田之路》（杰弗里·莱克著 稻垣公夫 译 日本经济新闻社）

《丰田新现场主义经营》（朝日新闻社 著 朝日新闻出版）

本书在策划与编辑过程中，笔者得到PHP研究所的越智秀树先生及艾尔斯有限公司的吉田宏先生、桑原晃弥先生的大力支持与协助，在此向诸位表示衷心的感谢。另外，在撰写本书的过程中，笔者还收到了丰田以及丰田集团的诸位朋友，从卡尔曼股份有限公司成立初期便一直支持着我的诸位经营者，以及生产现场第一线员工的许多宝贵意见和建议，在此也向以上诸位表示深深的谢意。